U0659645

理氣溯源初集（二）

（清）陳啓沅 撰

廣西師範大學出版社
GUANGXI NORMAL UNIVERSITY PRESS
·桂林·

理氣溯源卷三目錄考原下

納音
納音五行應先天圖
納音五行應後天圖
納音五行分三元應樂律隔八相生圖
納音支干起數合五行
五行五音
納甲
納甲直圖

納甲圓圖
納甲納十二支圖
八卦納甲三合圖
先後天相破圖
龍上八殺圖
八路黃泉圖
三吉六秀圖
淨陰淨陽圖
穿山七十二龍圖

二十四天星圖
盈縮六十龍圖
平分六十龍圖
中針撥砂圖
縫針納水圖
三元氣運圖
地理大全分金圖
分金考
考訂分金圖

年月尅山家圖
墓龍變運圖
三易考原
天干地支化氣考
太陽到方考
京師太陽到方時刻表
廣東廣州太陽到方時刻表

理氣溯源卷之三考原便覽下

納音

沈括曰。六十甲子有納音。鮮原其意。蓋六十律旋相爲宫法也。一律含五音。十二律納六十音也。凡氣始於東方而右行。音起於西方而左行。陰陽相錯。而生變化。所謂氣始於東方者。四時始於木。右行傳於火。火傳於土。土傳於金。金傳於水。所謂音始於西方者。五音始於金。左旋傳於火。火傳於木。木傳於水。水傳於土。納音與易納甲同法。乾納甲而坤納癸。始於乾而終於坤。納音始於金。金乾也。終於土。土坤也。

納音之法。同類娶妻。隔八生子。此律呂相生之法也。五行先仲而後孟。孟而後季。此遁甲三元之紀也。甲子金之仲。黃鐘之商同位娶乙丑。大呂之商同位謂甲與乙丙與丁之類下皆倣此隔八下生壬申金之孟。夷則之商隔八謂大呂下生夷則也下皆倣此壬申同位娶妻癸酉南呂之商隔八上生庚辰金之季。姑洗之商此金三元終若只以陽辰言之則依遁甲順傳仲孟季若兼妻言之則逆傳孟仲季也。庚辰同位娶辛巳。仲呂之商隔八下生戊子火之仲。黃鐘之徵火三元終。則左行傳南方火也。戊子娶己丑。大呂之徵生甲辰火之季。姑洗之徵甲辰娶乙巳。仲呂之徵生壬子木之仲。黃鐘之角火三元終。則左行傳于東方木如是左行。至於丁巳。仲呂之宮。五音一終。復自甲午金之仲娶乙未，隔八生壬寅，一如甲子之法，終於癸亥。謂蕤賓娶林鐘，上生太簇之類。子至於巳爲陽，故自黄鐘至於仲吕皆下生；自午至於亥爲陰，故自林鐘至於應鐘皆上生。

蠡海集曰：萬物之所以爲生者，必由氣。氣者何？金也。金受氣順行，則爲五行之體；逆行則爲五行之用。順行則爲五行之體者，金生水，水生木，木生火，火生土。冬至起歷之元，自冬而春，春而夏，夏而長夏，長夏而歸於秋，返本歸原而收斂也。逆行爲五行之用者，金出鑛而從革於火，以成材，成材則爲有生之用。然火非木不生。必循木以繼之。木必依水以滋榮。水必托土以止畜。故木而水。水而土。是則四行之類。土以定位。故大撓作甲子。分配五行爲納音。蓋金能受聲。而宣氣故也。法曰。甲娶乙妻。隔八生子。子生孫。而後行繼代其位。初一曰金。金爲氣居先。甲子爲受氣之始。甲娶乙妻。隔八壬申。是爲子矣。壬娶癸妻。隔八庚辰是爲孫矣。庚娶辛妻。隔八戊子。火代其位。次二曰火。戊繼其後。戊娶己妻。隔八丙申。是爲子矣。丙娶丁妻。隔八甲辰。是爲孫矣。甲娶乙妻。隔八壬子。木代其位。

次三曰木，壬繼其後，壬娶癸妻，隔八庚申，是爲子矣。庚娶辛妻，隔八戊辰，是爲孫矣。戊娶己妻，隔八丙子，水代其位。次四曰水，丙繼其後，丙娶丁妻，隔八甲申，是爲子矣。甲娶乙妻，隔八壬辰，是爲孫矣。壬娶癸妻，隔八庚子，土代其位。次五曰土，庚娶辛妻，隔八戊申，是爲子矣。戊娶己妻，隔八丙辰，是爲孫矣。丙娶丁妻，隔八甲子，金復代其位。甲午、乙未起如前法。是故有五子歸庚之說。道家者流，取其義用，配五方之位。自子干頭，數至庚字，則爲其數。甲子金，自甲數至七，逢庚則南方火得三氣壬子水自壬數至九逢庚則東方木得九氣丙子水自丙數至五逢庚則北方水得五氣庚子土則自得一為中方一氣是為五子歸庚也乃知金者受氣之先順行則為五行之體逆行則為五行之用故六十甲子納音者以充萬物之用

考原曰五行以氣始形終為次則洪範之水火木金土是也以播於四時相生為次則月令之木火土金水是也以飭庀五材相尅為次則禹謨之水火金木土是也納音五行始金次火次木次水次土既非本

其始終。又無取於生尅。故說者。莫知其所自來。詳考其義。蓋亦祖述易象之意。即先後天卦之理也。各爲圖以明之。

納音之訣從金起　水火土木順行記　子午丑未照原行　寅申卯酉水先始　辰戌巳亥火爲頭　再加十干順知意　陽干甲丙戊庚壬　乙丁己辛癸陰是　要識物音尋考原　盡知術士夢中秘

納音之屬。學者苦其難記。沅故作是訣以記之。假如甲子。甲午。納音屬金。丙子。丙午。則屬水。戊子。戊午。是屬火也。如甲寅屬水。起丙寅是屬火。戊寅是屬土。俱順數耳。餘皆倣此。

納音五行應先天圖

乾一
兌二
金
離三
火
震四
木
巽五
坎六
水
艮七
土
坤八

先天之圖。乾兌居首屬金。次以離屬火。又次震巽屬木。又次以坎屬水。終於艮坤屬土。故始於金。終於土者。乾始坤成之義也。金取於天之剛。土取於地之柔。火附於天。水附於地。而木以生氣居中。此納音所本於先天之序也。

納音五行應後天圖

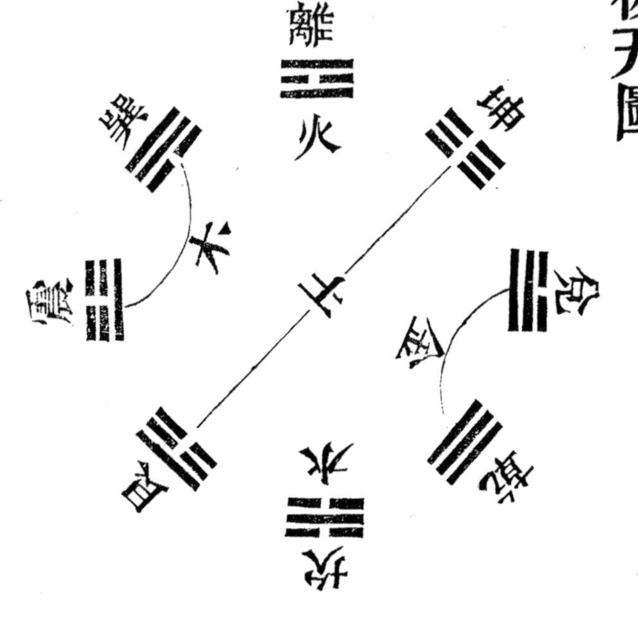

後天之圖。亦以乾居首而逆轉。自乾兌之金旺於西方。次轉而爲離火旺於南方。次又轉而爲震巽之木旺於東方。次又轉而爲坎水旺於北方。而土旺於四季。故退艮坤以居終焉。此納音所本於後天之序也。

納音五行分三元應樂律隔八相生圖

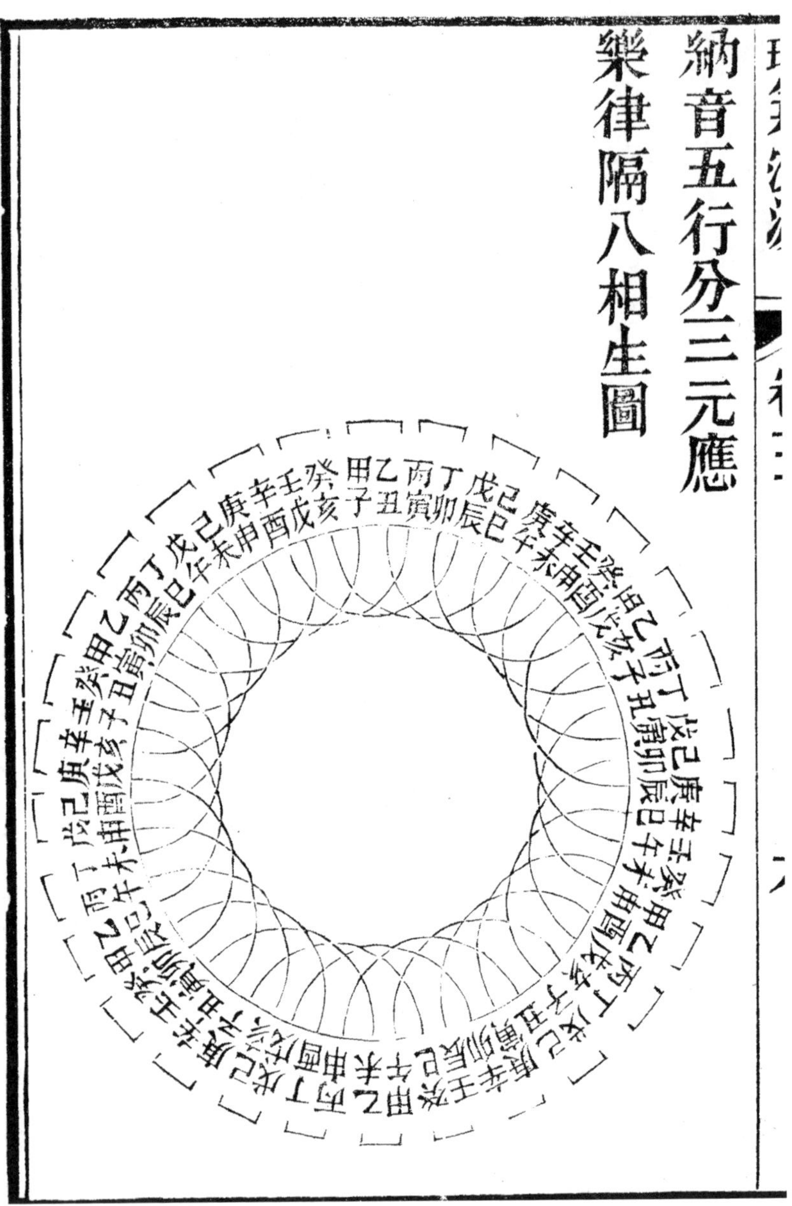

右圖以甲子乙丑爲金。上元。壬申癸酉爲金中元。庚辰辛巳爲金下元。三元俱周。則傳於戊子己丑爲火上元。丙申丁酉爲火中元。甲辰乙巳爲火下元。自此以後皆依前圖金火木水土之次。而用樂律同位娶妻隔八生子之法。以終於丁巳而納音小成矣。又自甲午乙未爲金上元起。如前法以終於丁亥而納音大成矣。

按十干十二支相錯。爲六十。五音十二律。相乘亦爲六十。甲子金。而乙丑亦爲金者。隔八生子也。一行各三元。而後傳於次行。猶春有孟仲季三月。而後傳於夏也。自甲子至丁巳。而五行之三元一周。猶易之三畫爲小成也。自甲午至丁亥。而五行之三元又一周。猶易之六畫爲大成也。其立法皆與律呂相應。

納音支干起數合五行

甲巳子午九。乙庚丑未八。丙辛寅申七。丁壬卯酉六。戊癸辰戌五。巳亥屬四數。

蠡海集云。或問曰。先天之數何緣而起。余答曰。數極於九。自九逆退取之。故甲巳子午九。乙庚丑未八。丙辛寅申七。丁壬卯酉六。戊癸辰戌五。天干已盡。而地支獨遺巳亥。是以巳亥得四終焉。況夫亥爲天門。巳爲地戸。純陽之位。爲開闔之樞。所以關鍵五行也。

瑞桂堂暇錄曰。六十甲子之納音。以金木水火土之音而明之也。一六爲水。二七爲火。三八爲木。四九爲金。五十爲土。然五行之中。惟金木有自然之音。水火土必相假而後成音。蓋水假土。火假水。土假火。故金音四九。木音三八。水音五十。火音一六。土音二七。此不易之論也。何以言之。甲己子午九也。乙庚丑未八也。丙辛寅申七也。丁壬卯酉六也。戊癸辰戌五也。巳亥四也。甲子乙丑。其數三十有四。四者金之音也。故曰金。戊辰己巳。其數二十有三。三者木之音也。故曰木。庚午辛未。其數三十有二。二者火也。土以火爲音。故曰土。甲申乙酉。其數三十。十者土也。水以土爲音。故曰水。戊子己丑。其數三十有一。一者水也。火以水爲音。故曰火。凡六十甲子。莫不皆然。此納音之所由起也。

考原曰。此楊子雲太玄論聲律所紀數也。凡兩干兩支之合其餘數得四九者爲金得一六者爲水得三八者爲木得五十者爲土得二七者爲火如甲子皆九得數十八乙丑皆八得數十六合之三十有四故爲金壬六申七得數十三癸五酉六得數十一合之二十有四故亦爲金也其按數推之莫不皆然但所配一六二七等數與河圖之數不同今按大衍之數五十其用四十有九以兩干兩支之合數於四十九內減之餘數滿十去之餘一六爲水二七爲火三八爲木四九爲金五十爲土各取所生之五行以爲納

音。如是則與河圖相同。又揲蓍之法。用餘策以定奇偶。此用餘數以定五行。其理正相合也。如甲九子九。乙八丑八。其合數三十四。於四十九內減之。餘十五。十不用。餘五屬土。土生金。故曰金。丙寅丁卯。共合數二十六。於四十九內減之。餘二十三。十不用。餘三屬木。木生火。故曰火。戊辰己巳。共合數二十三。於四十九內減之。餘二十六。十不用。餘六屬水。水生木。故曰木。庚午辛未。共合數三十二。於四十九內減之。餘十七。十不用。餘七屬火。火生土。故曰土。餘倣此。

按楊雄太元經曰子午之數九丑未八寅申七卯酉六辰戌五巳亥四故律十二呂三十六并律呂之數或還或否凡七十有八黄鍾之數立焉其以爲度也皆生黄鍾又曰甲己之數九乙庚八丙辛七丁壬六戊癸五聲生於日律生於辰聲以情質律以和聲聲律相協而八音生歷代以來宗之謂之先天之數顧其甲己子午之何以九乙庚丑未之何以八則罕有確論焉今按子午者乾震之所納也丑未者坤巽之所納也寅申者坎所納也卯酉者離所納也辰戌者

艮所納也。巳亥者。兌所納也。陽數極於九。陰數歷於八。故乾坤得之。震巽長而統於父母。其餘以次而降。兩太六子。男女長少之序。秩然不紊。實非人能強爲也。若夫十日之序。則又各隨化氣壽夭之數。而亦無一毫造作於其間。甲己土也。土終古不毀。即析爲微塵。蕩爲鄰虛。而其質固在也。爲最壽。故數九。其次則金。雖火鑠之。亦有質。灰氣散之時。而堅固爲萬物王也。乙庚金也。故次甲己也。又次則水。日炙風銷。而火煎烹之。亦有乾盡之時。而無自然銷滅之期。雖其堅固不若金而其柔弱轉能久壽而物莫若也丙辛水也故次乙庚也又次則木一歲之中榮落有定期也丁壬木也故次丙辛也又次則火一晝夜間顯晦有定期也戊癸火也故次丁壬也且甲己土生乙庚金乙庚金生丙辛水丙辛水生丁壬木丁壬木生戊癸火層累而下之又自然而然之數也然則無十無一二三何也曰數終於九十即一也若夫一二三乃天地人之大數不得偏寄於一日一辰之間者也且言九八七六五四則一二三在其中也故黃鐘八十一

十二辰止得七十八。而揚子曰黃鐘之數立焉。蓋已虛函三數。而成八十一也。

五行五音

宮 屬土 生金	甲子乙丑	壬申癸酉	庚辰辛巳
	甲午乙未	壬寅癸卯	庚戌辛亥
商 屬金 生水	丙子丁丑	甲申乙酉	壬辰癸巳
	丙午丁未	甲寅乙卯	壬戌癸亥
角 屬木 生火	戊子己丑	丙申丁酉	甲辰乙巳
	戊午己未	丙寅丁卯	甲戌乙亥

徵屬火　庚子辛丑　戊申己酉　丙辰丁巳
生土　　庚午辛未　戊寅己卯　丙戌丁亥

羽屬水　壬子癸丑　庚申辛酉　戊辰己巳
生木　　壬午癸未　庚寅辛卯　戊戌己亥

朱子曰。樂聲是土金木火水。洪範是水火木金土。蓋納音者。以干支分配於五音。而本音所生之五行。即爲其干支所納之音也。初一。宮商角徵羽。納甲丙戊庚壬。係以五子而隨以五丑。宮得甲子。商得丙子。角得戊子。徵得庚子。羽得壬子。宮爲土。土生金。故甲子乙丑納音金。商爲金。金生水。故丙子丁丑納音水。角爲木。木生火。故戊子己丑納音火。徵爲火。火生土。故庚子辛丑納音土。羽爲水。水生木。故壬子癸丑納音木。次二。商角徵羽宮。納甲丙戊庚壬。係以五寅而隨以五卯。商金得甲寅乙卯納音水。角木得丙寅丁卯納音火。徵火得戊寅己卯納音土。羽水得庚寅辛卯納音木。宮土得壬寅癸卯納音金。次三。角徵羽宮商納甲丙戊庚壬。係以五辰而隨以五巳。角木甲辰乙巳納音火。徵火得丙辰丁巳納音土。羽水得戊辰己巳納音木宫土得庚辰辛巳納音金商金得壬辰癸巳納音水以上六甲得其半納音小成次四復以宫商角徵羽納甲丙戊庚壬係以五午而隨以五未宫土得甲午乙未納音金商金得丙午丁未納音水角木得戊午己未納音火徵火得庚午辛未納音土羽水得壬午癸未納音木次五復以商角徵羽宫納甲丙戊庚壬係以五申而隨以五酉商金得甲申乙酉納音水角木得丙申丁酉納音火徵火得戊申己酉納音土羽水得庚申辛酉納音木宫土得壬申癸酉

納音金。次六復以角徵羽宮商。納甲丙戊庚壬。係以五戊而隨以五亥。角木得甲戌乙亥納音火。徵火得丙戌丁卯納音土。羽水得戊戌己亥納音木。宮土得庚戌辛亥納音金。商金得壬戌癸亥納音水。於是六甲全而納音大成矣。陽生於子。自甲子以至癸巳。陰生於午。自甲午以至癸亥。故三十而復。從宮起。宮君。商臣。角民。皆人道也。故皆可以爲首。徵事。羽物。皆人所用也。故不可以爲首。是以三甲終。而復始於宮。干爲天。支爲地。音爲人。三才之五行備矣。

陶宗儀曰。甲子乙丑海中金者。子屬水。又爲湖。又爲水旺之地。兼金死於子。墓於丑。水旺而金死墓。故曰海中金也。丙寅丁卯鑪中火者。寅爲三陽。卯爲四陽。火既得地。又得寅卯之木以生之。此時天地開鑪。萬物始生。故曰鑪中火也。戊辰己巳大林木者。辰爲原野。巳爲六陽。木至六陽則枝榮葉茂。以茂盛之木而在原野之間。故曰大林木也。庚午辛未路傍土者。未中之木而生午位之旺火。火旺則土焦。未能育物。猶路傍土若也。故曰路傍土也。壬申癸酉劍鋒金者。申酉金之正位。兼臨官。申帝旺。酉金既生旺。則成剛矣。剛則無踰於劍鋒。故曰劍鋒金也。甲戌乙亥山頭火者。戌亥爲天門。火照天門。其光至高。故曰山頭火也。丙子丁丑澗下水者。水旺於子。衰於丑。旺而反衰。則不能江河。故曰澗下水也。戊寅己卯城頭土者。天干戊己屬土。寅爲艮山。土積而爲山。故曰城頭土也。庚辰申巳白鑞金者。金養於辰。生於巳。形質初成。未能堅利。故曰白鑞金也。壬午癸未楊柳木者。木死於午。墓於未。木既死墓。雖得天干壬癸之水以生之。終是柔弱。故曰楊柳木也。甲申乙酉井泉水者。金臨官申。帝旺酉。金既生旺。則水由以生。然方生之際。力量未洪。故曰井泉水也。丙戌丁亥屋上土者。丙丁屬火。戊亥爲天門。火既炎上。則土非在下而生。故曰屋上土也。戊子己丑霹靂火者。丑屬土。子屬水。水居正位。而納音乃火。水中之火。非龍神則無。故曰霹靂火也。庚寅辛卯松柏木者。木臨官寅。帝旺卯。木既生旺。則非柔弱之比。故曰松柏木也。壬辰癸巳長流水者。辰爲水庫。巳爲金長生之地。金生則水性已存。以庫水而逢生金則泉源終不竭故曰長流水也甲午乙未砂石金者午爲火旺之地火旺則金敗未爲火衰之地火衰則金冠帶敗而方冠帶未能盛滿故曰砂石金也丙申丁酉山下火者申爲地戸酉爲日入之門日至此時而藏光故曰山下火也戊戌己亥平地木者戌爲原野亥爲木生之地夫木生於原野則非一根一株之比故曰平地木也庚子辛丑壁上土者丑雖土家正位而子則水旺之地土見水多則爲泥也故曰壁上土也壬寅癸卯金箔金者寅卯爲木旺之地

木旺則金羸又金絕於寅胎於卯金既無力故曰金箔金也甲辰乙巳覆燈火者辰爲食時巳爲禺中日之將中艷陽之勢光於天下故曰覆燈火也丙午丁未天河水者丙丁屬火午爲火旺之地而納音乃水水自火出非銀漢不能有也故曰天河水也戊申己酉大驛土者申爲坤坤爲地酉爲兌兌爲澤戊己之土加於坤澤之上非其他浮薄之土也故曰大驛土也庚戌辛亥釵釧金者金至戌而衰至亥而病金既衰病則誠柔矣故曰釵釧金也壬子癸丑桑柘木者

子屬水丑屬金水方生木金則伐之猶桑柘木也甲寅乙卯大溪水者寅爲東北維卯爲正東水流正東則其性順而川澗池沼俱合而歸故曰大溪水也丙辰丁巳沙中土者土庫辰絶巳而天干丙丁之火至辰冠帶巳臨官旣庫絶旺火復與生之故曰沙中土也戊午己未天上火者午爲火旺之地未中之木又復生之火性炎上又逢生地故曰天上火也庚申辛酉石榴木者申爲七月酉爲八月此時木則絶矣惟石榴之木反結實故曰石榴木也壬戌癸亥大海水

者。水官帶。戌臨官。冠帶則力厚矣。況亥爲江河。非他水之比。故曰大海水也。

納甲

蠡海集云。納甲之說。自甲爲一至壬爲九。陽數之始終也。故歸乾。易順數也。乙爲二至癸爲十。陰數之始終也。故歸坤。易逆數也。乾一索而得男爲震。坤一索而得女爲巽。故庚入震。辛入巽。乾再索而得男爲坎。坤再索而得女爲離。故戊趨坎。己趨離。乾三索而得男爲艮。坤三索而作女爲兌。故丙從艮。丁從兌。陽生於北而成於南。故乾始甲子。而中以壬午。陰生於南而成於北。故坤始乙未。而終癸丑。震巽一索也。故庚申始於子丑。坎離再索也。故戊己始於寅卯。艮兌三索也。故丙丁始於辰巳也。又一說乾坤者。二氣之正位也。坎離者。二氣之交互也。正位則始終全備。故甲壬歸乾。乙癸歸坤。交互則往來處中。故戊歸坎。己歸離。震巽乃受氣之始。故庚辛歸焉。艮兌乃生化之終。故丙丁歸焉。乾坤位陰陽之極。故子午丑未配於甲壬乙癸。父母總攝內外之義。震巽長男長女爲初索。

是以子丑配庚辛。坎離中男中女爲再索。是以寅卯配戊己。艮兌少男少女爲三索。是以辰巳配丙丁。納之爲言受也。容受六甲於八卦中也。易者。逆也。數皆以逆而推之。

納甲直圖

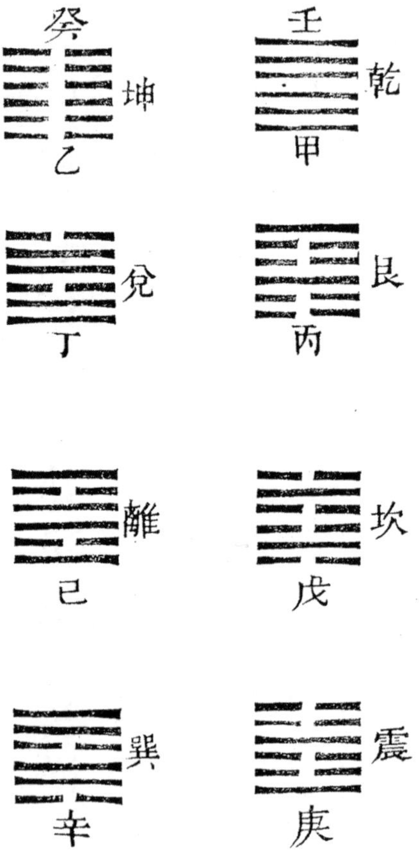

壬
乾
甲

癸
坤
乙

艮
丙

兌
丁

坎
戊

離
己

震
庚

巽
辛

考原曰。乾納甲壬。坤納乙癸。乾坤包括始終之義也。其餘六卦。則自下而上。畫卦者。亦自下而上也。震巽陰陽起於下。故震納庚。巽納辛。坎離陰陽交於中。故坎納戊。離納己。艮兌陰陽極於上。故艮納丙。兌納丁。甲丙戊庚壬爲陽干。皆納陽卦。乙丁己辛癸爲陰干。皆納陰卦。

納甲圓圖

震 庚 生明
兌 丁 上弦
艮 丙 下弦
坤 乙 晦
乾 甲 望
巽 辛 生魄
戊 壬
己 癸

觀是圖。獨坎離不納戊己者。何則。因先天乾卽後天離耳。故離納外卦壬。坎納外卦癸。戊己固渾天之法。而坎離實先天之傳也。

考原曰。此以六卦應月候。而坎離爲日月之本。體居中不用。震直生明者。一陽始生。又生明之時。以初昏候之月。見庚方也。兌直上弦者。二陽浸盛。又上弦之時。以初昏候之月。見丁方也。乾直望者。三陽盛滿。又望時以初昏候之月。見甲方也。巽直生魄。則一陰始。又生魄之時。以平明候之月。見辛方也。艮直下弦。則二陰浸盛。又下弦之時。以平明候之月。見丙方也。坤直晦。則三陰盛滿。又晦時以平明候之月。見乙方也。皆與納甲相應。

納甲納十二支圖

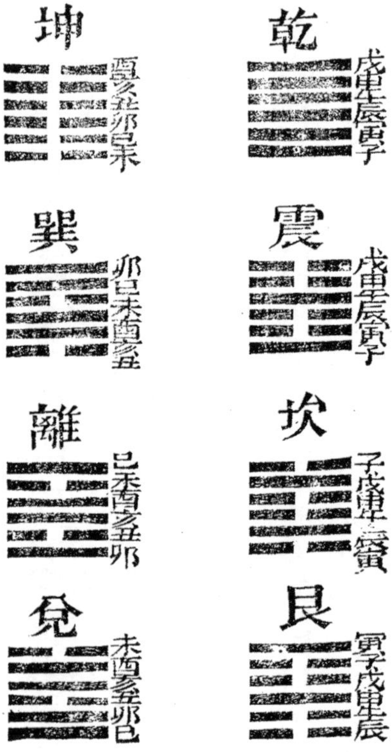

乾　戌申午辰寅子

震　戌申午辰寅子

坎　子戌申午辰寅

艮　寅子戌申午辰

坤　酉亥丑卯巳未

巽　卯巳未酉亥丑

離　巳未酉亥丑卯

兌　未酉亥丑卯巳

考原曰此以八卦之六畫分納六辰之法也凡乾在內卦則爲甲而納子寅辰如初九爲甲子九二爲甲寅九三爲甲辰也在外卦則爲壬而納午申戌如九四爲壬午九五爲壬申上九爲壬戌也凡坤在內卦則爲乙而納未巳卯如初六爲乙未六二爲乙巳六三爲乙卯在外卦則爲癸而納丑亥酉如六四爲癸丑六五爲癸亥上六爲癸酉也因乾坤各納兩干故別爲內外二卦若震止納庚則初九爲庚子六二爲庚寅六三爲庚辰九四爲庚午六五爲庚申上六爲

庚戌巽止納辛。則初六爲辛丑。九二爲辛亥。九三爲辛酉。六四爲辛未。九五爲辛巳。上九爲辛卯。坎離艮兌四卦。依震巽例推之。又曰納甲之法。不知其所自起。其以六卦值月候。明魄死生。陰陽消息。與先天圖有相似。如魏伯陽參同契中所陳。即其說也。參同曰。哉生日出。爲爽震庚受西方。八日兌受丁上弦。平如繩。十五乾體就。盛滿甲東方。七八道已訖。屈折低下降。十六轉就統。巽辛見平明。艮直于丙南。下弦二十三。坤乙三十日。東北喪其朋。節盡相禪。與繼體復生龍王癸配甲乙乾坤括始終。朱子曰爲卽先天之傳。孔子之後諸儒失之。而方外之流。密相受授。以爲丹竈之術耳。今按先天之圖。八卦俱備而納甲除去戊己以爲二用則其法亦不盡言。或曰說卦言天地定位。山澤通氣。雷風相薄。乃以三陽三陰。至一陽一陰爲序。而其後方言水火不相射。蓋以六卦寓消息而以水火爲用。或者古有此說也。至其叅錯六辰之法。則陽皆順行。陰皆逆轉。陰陽之老長中少。每差一位惟震與乾同者。長子繼父之體。河圖終於丑而起於未。尤與洛書耦數未位而終於丑也。西南樂律。林鐘為地統。而應未月之氣。皆相合。故諸術之中。惟納甲為近理。今火珠林卜卦。即其法也。

八卦納甲三合圖

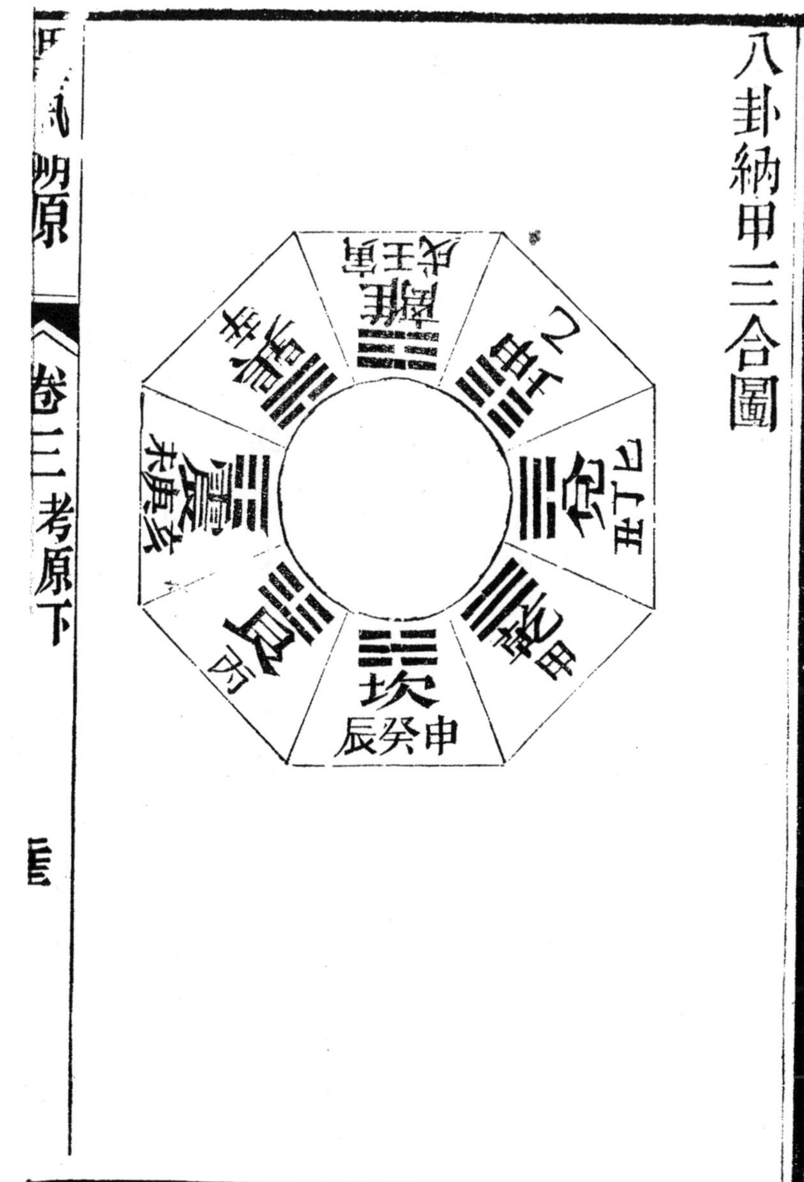

乾納甲。坎納癸申辰。艮納丙。震納庚亥未。巽納辛。離納壬寅戌。坤納乙。兌納丁巳丑。坎離不納戊己者。二十四山無戊己。故離納乾之壬。坎納坤之癸。其法不知所自來。今按啟蒙附論。曰火之體陰也。其用則陽。而天用之。故乾中畫與坤交。而變爲離。水之體陽也。其用則陰。而地用之。故坤中畫與乾交。而變爲坎。然則坎離納戊己者。因先天之傳。而離納壬。坎納癸。則後天之用也。其四正卦兼納八支。取與本卦支爲三合局也。地理家之坐山九星。淨陰淨陽。皆起於此。

先後天相破圖

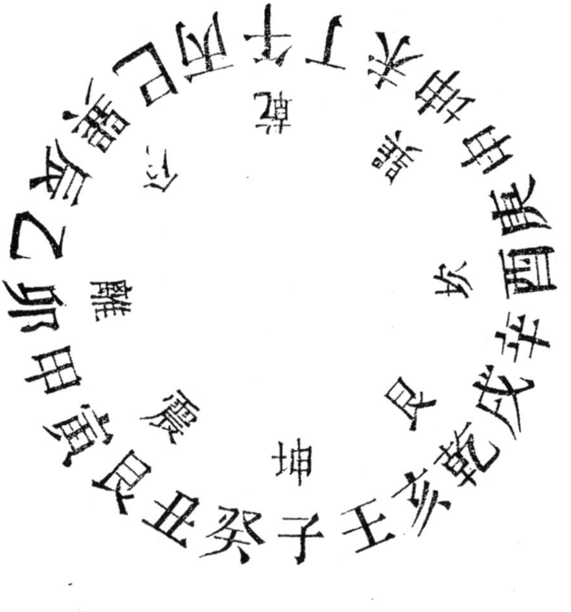
乾
巽
坎
艮
坤
震
離
兌
酉 辛 戌 乾 亥 壬 子 癸 丑 艮 寅 甲 卯 乙 辰 巽 巳 丙 午 丁 未 坤 申 庚

羅經解曰。午水流入乾去。酉水流入坎去。乾水流入艮去。子水流入坤去。坤水流入巽去。艮水流入震去。卯水流入離去。巽水流入兌去。皆爲先天破後天。其名曰消。離水流入卯去。坤水流入子去。兌水流入巽去。乾水流入午去。坎水流入酉去。艮水流入乾去。震水流入艮去。巽水流入坤去。皆爲後天破先天。其名曰亡。消亡之水。再兼龍穴不吉。定主敗絶。

龍上八殺圖

丙 午 丁 未 坤 申 庚 酉 辛 戌 乾 亥 壬 子 癸 丑 艮 寅 甲 卯 乙 辰 巽 巳

亥 卯 巳 午 辰 寅 申 酉

詩曰：坎龍坤兔震山猴，巽雞乾馬兌蛇頭，艮虎離豬爲殺曜，墓宅逢之一旦休。犯之者，以爲此向尅龍神也。不知如坎方來龍，理宜辰戌丑未皆忌之，何以獨忌辰土向乎？考其來歷，此蓋從渾天甲子而來。坎以二爻辰土爲官鬼，艮以上爻寅木爲官鬼，震以五爻申金爲官鬼，巽以三爻酉金爲官鬼，餘俱倒推。支有十二，而卦止六爻，是以有所忌有所不忌也。

八路黃泉圖

殺人黃泉詩曰。乙丙須防巽水先。庚丁坤上是黃泉。甲癸向中憂見艮。辛壬水路怕當乾。

救貧黃泉詩曰。辛入乾宮百萬庄。癸歸艮位發文章。乙向巽流稱富貴。丁坤終是萬斯箱。

又救貧黃泉詩曰。庚向水朝流入坤。管教此地出賢英。丙向水朝流入巽。兒孫世代爲官定。甲向朝來入艮流。管教此地出公侯。壬向水朝流入乾。兒孫金榜姓名傳。

按黃泉詩。既言其凶。復言其吉。解之者。或謂乙丙須防巽水先言立向開門行路。凡自乙至丙皆忌巽。或謂乙向丙向忌巽水來。巽向忌乙水丙水來。或謂乙向丙向忌巽水去。巽向忌乙水丙水去。諸說紛紛不一。而不知其皆爲三合設也。如立甲丙庚壬四陽向。從亥寅巳申起長生。順轉。如水城自左倒右。由艮巽坤乾入口過堂。是爲官祿水朝穴。主富貴。若水城自右倒左。由艮巽坤乾出口者。則流破官祿。主退敗。是來爲救貧。去爲殺人也。立癸乙丁辛四陰向。從卯午酉子起長生。逆轉。如水城自左倒右。由艮巽坤乾出口而去是爲沐浴方出水合文庫財丁並茂若水城自右倒左由艮巽坤乾入口者則沐浴水朝來主淫亂是又去爲救貧來爲殺人也立艮巽坤乾四維向從寅巳申亥起長生以甲丙庚壬爲沐浴故欲其去而忌其來以癸乙丁辛爲養位故欲其來而忌其去八干向有陰陽之別四維向有陽無陰故八干向之水城分左旋右旋而四維向之水城專論左旋夫謂之殺人謂之救貧蓋就三合中舉其最相似者以明其大有不同耳通德類情所辨亦頗近理然十二支與四維起長生似有不合或照上卷所列二十四長生考推之似更不背於理

理氣溯原　卷二　考原下　三六

三吉六秀圖

壬 子 癸 丑 艮 寅 甲 卯 乙 辰 巽 巳 丙 午 丁 未 坤 申 庚 酉 辛 戌 乾 亥

文 破 破 武 貪 文 祿 廉 弼 破 巨 武 貪 文 武 廉 輔 破 廉 武 巨 文 祿 廉

按八宫俱有翻卦。而羅經所載。止有坤龍一局。盖以坤爲地。爲母。故謂之地母卦。取貪巨武之祿於卦者爲三吉。又取卦之納干並三吉爲六秀。再取兌之納支。並六秀爲八貴。然八卦俱有三吉六秀八貴。並非專取艮丙巽辛兌丁巳丑來龍。爲三吉六秀八貴也。羅經所載。特舉坤龍以見例耳。餘詳本卷八宫翻卦。

淨陰淨陽圖

子 癸 丑 艮 寅 甲 卯 乙 辰 巽 巳 丙 午 丁 未 坤 申 庚 酉 辛 戌 乾 亥 壬

陽 陽 陰 陰 陽 陽 陰 陰 陽 陽 陰 陰 陽 陰 陰 陽 陽 陰 陰 陰 陰 陽 陽 陰

按洛書圖。四正皆奇數屬陽。四隅皆耦數屬陰。而先天卦位。以乾坤坎離居四正。配奇數。艮巽震兌居四隅。配耦數。此八卦陰陽所由分也。其布之於盤則用後天卦位。凡干支之納於陽卦者。悉屬陽。納於陰卦者。悉屬陰。彼地理書。以先後天卦畫。合併之數。分奇耦以定陰陽。

穿山七十二龍圖

子 癸 丑 艮 寅 甲 卯 乙 辰 巽 巳 丙 午 丁 未 坤 申 庚 酉 辛 戌 乾 亥 壬

按七十二龍取六十甲子錯排於正針之下。一年二十四氣每氣三候。候多而花甲少。不得不空干維之中線以配之。銕彈子曰。中氣宜避。故取三七放棺。旺氣宜乘。故取三七加向。如坐壬穴。甲子癸亥均為七壬是也。今人以平分六十龍為三七加減。不知就一壬穴而論。彼之丙子為正壬。戊子為五壬五子。而俱非三七矣。葉九升羅經解曰。素書以六甲取主龍。寶鏡六甲取坐穴。素書由來龍以推坐穴之吉凶。寶鏡由坐穴以推砂水之吉凶。素書即盈縮六十龍。寶鏡即穿山七十二龍。其法以六甲裝卦。以求三奇。乙丙丁四吉。金水日月子父財官。貴人祿馬。所到之宮。奇書用之以驗穴。寶鏡用之以驗砂。然六十花甲子。既不能周七十二龍。復不能周六十四卦。術家強用。設此法以聳動愚民。不知無本之談。不待辯而自絀。況用九宮飛符。則位止八方。而三奇四吉。子父財官。貴人祿馬。共有十二件。吾見無處非吉砂矣。然則縱有此等吉砂。層層羅列。曾何足以言吉也耶。解出通德類情。

二十四天星圖

壬 子 癸 丑 艮 寅 甲 卯 乙 辰 巽 巳 丙 午 丁 未 坤 申 庚 酉 辛 戌 乾 亥

壬 子 癸 丑 艮 寅 甲 卯 乙 辰 巽 巳 丙 午 丁 未 坤 申 庚 酉 辛 戌 乾 亥

天輔 陽光 北道 天廚 天市 天棓 天苑 天命 天官 天罡 太乙 天屏 太微 陽衡 南極 天常 天關 天漢 少微 天乙 天魁 天廄 紫微 天皇

按催官篇以艮巽兌三宮爲三吉。又取卦之納干。並艮巽兌爲六秀。是即地母卦所稱之三吉六秀也。特彼合己丑爲八貴。此合己亥爲八貴。畧爲變換耳。夫己丑合酉是爲三合。若以亥爲上應紫微垣而己爲帝座之明堂。故合巳亥而稱八貴。此術家附會之説。蕭智深指爲可談於閨室。無涉於山川信夫。解出通德類情

盈縮六十龍圖

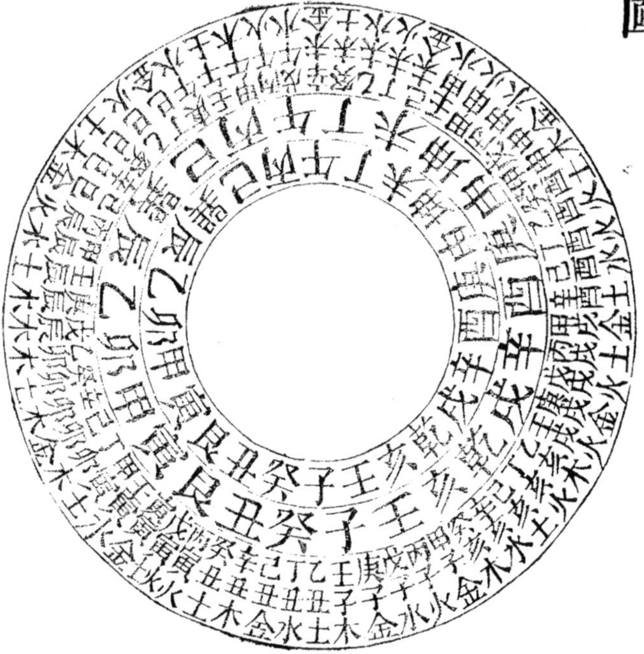

壬 子 癸 丑 艮 寅 甲 卯 乙 辰 巽 巳 丙 午 丁 未 坤 申 庚 酉 辛 戌 乾 亥

按盈縮六十龍錯排於中針之下，術家以爲賴氏所定以輔天星之不及。如亥爲天皇，龍必格得辛亥龍神方爲真天皇龍之類，不知亥即天皇而天皇龍果無不皆吉乎。其排列花甲，濶狹不一，説者指爲上應天度，不知三百六十五度有奇者，上天之積數，初非其中有金木水火土之分也。即欲分之，僅當取二十八宿而分其長短不齊之界限，不可以六十花甲而分其六十一位之坐度。如以甲子爲坐下金度，丙子爲坐下火度。諸説無論甲子丙子所占者，非金度火度而既以甲子爲取納音金者何以丙子不取納音水而取天干火乎他如或取天干化氣或取地支所藏不一其例足徵遁辭之窮矣至其穿山甲子起於正針之壬未透地甲子起於正針之亥未說者以穿山爲地紀取己至之氣透地爲天紀取未至之氣欲候其氣之初萌故透地較穿山牽先三位殊不知氣因乎脉有横來直來斜來逆來種種各别而乘氣之法亦非一端可竟術家妄揑此盤而仍無說以自解嗚呼賴氏可作當以予言爲然乎否解出通德類情

平分六十龍圖

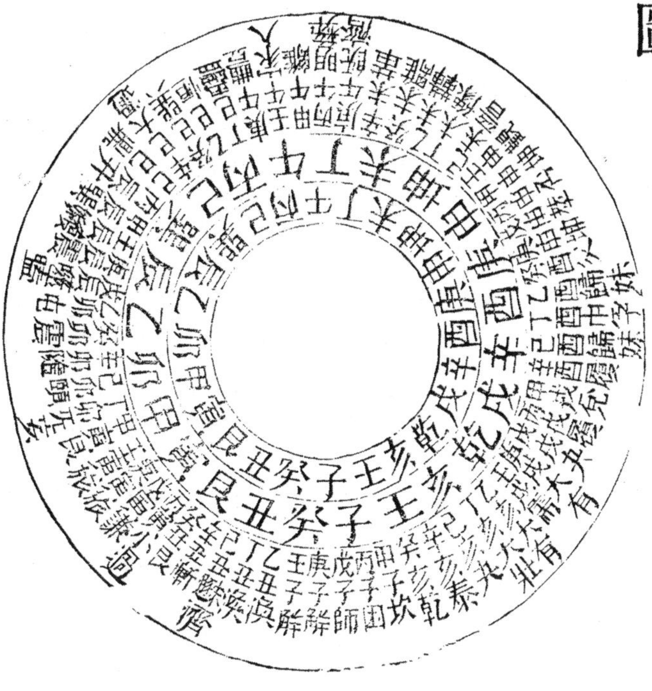

壬子癸丑艮寅甲卯乙辰巽巳丙午丁未坤申庚酉辛戌乾亥

按平分六十龍錯排於中針之下其甲子起於正針之壬初術家以爲蔡氏所定蔡氏以穿山不接續透地多奇零故製此盤以補穿山透地之不及然地中止有一線生氣焉有六十花甲觀蔡氏所著發微論粹然儒者之言並未談及卦例則此爲術家托名又何疑乎解出通德類情

中針撥砂圖

亥壬子癸丑艮寅甲卯乙辰巽巳丙午丁未坤申庚酉辛戌乾

亥壬子癸丑艮寅甲卯乙辰巽巳丙午丁未坤申庚酉辛戌乾

室 危虛 女 牛 斗 箕 尾 心房 氐 亢 角 軫 翼 張星 柳 鬼 井 參 觜畢 昴 胃 婁 奎 壁

火 火 土 金 木 水 火 火 土 金 木 水 火 火 土 金 木 水 火 火 土 金 木 水

按是圖取二十八宿加於中針之下。名曰禽星五行。相傳賴公撥砂。用禽星者。此也。其法以向上所屬之五行爲主。取生我者爲印。剋我者爲殺。我生者爲洩。我剋者爲財。比和者爲旺。以印財旺三方。峯巒高聳者爲吉。如立乾山巽向。辰丙兩峯高聳。爲殺爲洩。則改立巳向。使殺變爲印。洩變爲財。此撥砂之法所由設也。然龍眞穴的。自有天然之向。無可移易。且二十八宿。其度數各有長短不齊。如井水共三十度。觜火止一度。是未可以每宮一宿分屬也。既以每宮一宿屬之何以子午卯酉四宮每宮又占二宿乎況日月五星運行於二十八舍皆參差不齊今以虛昴星房配日危畢張心配月室觜翼尾配火壁參軫箕配水奎井角斗配木婁鬼亢牛配金胃柳氐女配土以不齊之天行按一定之星舍萬無是理其說出於西域吉凶時日善惡宿曜經緯彼國不知干支之名而用二十八宿以紀日其以七政加二十八宿猶十干之加十二支非七政之果躔於此宿也而謂可以二十八宿八屬五行耶解出通德類情

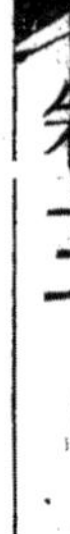

縫針納水圖

按内層八卦生成數是爲正神所以論坐穴外層二十四路水法生成數是爲零神所以論起龍是即山上龍神不下水水裏龍神不上山也青囊經有云十四進神家業興十個退神如鬼靈其法取二七爲偶三八爲朋係西四卦故乾納甲其數三坤納乙其數八艮納丙其數七兌納丁巳丑其數二爲自然之夫婦至於乾三兌二合五合十合十五爲一家也一六共宗四九合處爲東四卦故離納壬寅戌其數一坎納癸申辰其數六巽納辛其數四震納庚亥未其數

九爲自然之陰陽至於離一巽四合五離一震九合十坎六巽四合十坎六震九合十五是合五合十合十五又爲一家也起龍者須於穴之對宮最近最大開㨾透光處用縫針格之其起龍之水與坐穴之卦果是東不雜西西不雜東否所謂起一卦之龍對一卦之山立一卦之向收一卦之水如一家骨肉然否則出卦即如路人仇敵矣解出德通類情

三元氣運圖

上元二黑輔運
下元七赤主運
中元六白輔運

下元九紫輔運
中元五黃輔運
上元一白主運

中元四綠主運
上元三碧輔運
下元八白輔運

歸厚錄註云上元一白坎為主運二黑坤三碧震輔之共管六十年坎先管甲子二十年甲申入坤甲辰入震各管二十年中元四綠巽為主運五黃中六白乾輔之共管六十年巽先管甲子二十年甲申入中甲辰入乾各管二十年下元七赤兌為主運八白艮九紫離輔之共管六十年兌先管甲子二十年甲申入艮甲辰入離各管二十年以主運為主生主運者曰退氣尅主運者曰死氣運所生者曰生氣運所尅者曰殺氣與主運相比和者曰旺氣如七赤運坎局

得生氣。乾兌局得旺氣。艮坤局爲退氣。離局爲死氣。震巽局爲殺氣。是也。餘倣此。取局惟何。只以一水相近者爲氣到。即成某局。假如方圓一坪。四圍皆水。全無來龍。亦可分爲九氣。近南者爲坎局。近北者爲離局。近坤者爲艮局。近巽者爲乾局。居中立穴者爲中宮局。三方有水而遠近適均者。亦作中宮論。今堪輿家亦有能言局者。往往病在認局不眞。如水從某方流過。本是坤局。錯認爲兌。若在上元。棄盛就衰。已不發福。更兼誤收兌之向水。不幾求福而得禍乎。八宮皆如此論，亦有兩宮氣到，雜而不清，猶然獲吉者，以此運方衰，彼運又盛，如艮震雜局，下元艮旺，及交上元，震氣又旺，反得長久，更有一種三四宮氣到者，此爲羣精媾會，胎息交通，最爲和美，三元不敗。但須體格端麗純全，不可有一毫傾側欹斜，斯爲眞地。如其盼氣之水，參差零雜，反不若单局之力專矣。通德類情曰：按上元一白，中元四祿，下元七赤，乃三元甲子年入中宮之一星也。以一年所值之中星，而欲定六十年之休咎，猶以元日一日之神殺，而欲決三百六十日之吉凶理所必無不待言矣靈城精義云地運有推移而天氣從之天運有轉徙而地氣應之蓋言河嶽效靈在天必有禎祥之疊見日星失次在地必有陵谷之變遷天運與地運相為倚伏初未有若元運之說興衰一視乎天而不必察諸地也予觀紫白原本似取九星相宅然閱至殺旺當求印旺九星生處宜尋四語則亦為修方而設非為相宅而設也其言頗為近理因撮其要曰四一同宮準發科名之顯一白是宮星四綠是文昌如坎宅一白入中宮流年遇四綠到中宮或坎宅艮方是四綠流年遇一白到艮又如巽宅四綠入中宮流年遇一白到中宮或巽宅坤方是一白流年遇四

祿到坤之類是也九七共遇常逢回祿之殃九紫是後天火星七赤是先天火數故主火災二五交加而損主亦且重病二黑是病符五黃是廉貞故主死病經曰五主孕婦受災黃遇黑時出寡婦二主宅母多病黑逢黃至出鰥夫三七疊臨而刼盜更見官災三碧是蚩尤星七赤是破軍星故主盜訟九紫雖司喜氣然六會九而長血症七九之會尤凶火尅金也四綠固號文昌然八會四而小口損生二四之逢更惡木尅土也八逢紫曜須知婚喜重來六遇輔星可以尊榮不次欲求嗣續惟取生神如紫白論忌藏尤宜旺氣在飛星是故二黑入乾逢八白而財源大進遇九紫而發斯蟄蟄此指坎也乾方或乾宅中宮言之三碧臨庚庚謂兌也會一白則丁口頻

添。交二一黑則青蚨闐闐。此指坎宅兌方或兌宅中宮言之。卦於乾位屬金。九星則二黑爲土。此號星宮之吉。入三層則木來剋土而財少。入兌局則星列生宮而人興。再逢九紫臨火土之鄉。斯爲得運。而財丁並茂。兼三王科名。此指坎宅言之餘倣此。圖於四間屬金。書則四綠爲木。此乃圖剋書之象。入兌方則文昌破體而出孤。入坤局則土重埋金而出寡。若以一層居坎震之鄉。始爲得氣而科甲傳名。亦增丁口。此指間數言之。層數亦倣此。若夫殺旺當求印旺。九星生處宜尊。制殺不如化殺局。山旺地施工。如兌宅七赤入中宮遇其九紫飛到中宮爲殺則修動八白所到之方是爲洩火以生金或修動六白所到之方。以助七赤之旺。是爲旺地施工。餘倣此。推而行之。一宅可通八宅。神而明之。九星專用一星。按觀此篇所論。則所云紫白九星。乃取輪年飛到者。以與坐家九星較生尅。初非六十年始換一運。一死法也。況陽宅係生者所居。得天最速。斧斤一動。吉凶隨之。以之論陰基而取一百八十年分爲三運。倘葬後未幾。又易一元。將改葬乎。抑聽其自然乎。術家妄揑一端。聳動世人。此類是也。

歸厚錄註以百八十年而統三元氣運之數。紫白原本以每年元運而論修方之術。通德類情。則遵紫白而駁歸厚。謂其無是理也。而不知百八十年是天運之三元。年月日之紫白是小運之氣數。用意立論。各有見解。實通德類情未會斯意而妄駁耳。若論小運而廢大運。則黃極之元會運世。豈不更謬歟。譬如專論日夜之寒暑。而非四序之寒暑。能不悮耶。

地理大全分金圖

壬
丁亥 辛亥 艮 丁丑 辛丑 乙 丁卯 辛卯 丙 丁巳 辛巳 坤 丁未 辛未 辛 丁酉 辛酉

子
丙子 庚子 寅 丙寅 庚寅 辰 丙辰 庚辰 午 丙午 庚午 申 丙申 庚申 戌 丙戌 庚戌

癸
丙子 庚子 甲 丙寅 庚寅 巽 丙辰 庚辰 丁 丙午 庚午 庚 丙申 庚申 乾 丙戌 庚戌

丑
丁丑 辛丑 卯 丁卯 辛卯 巳 丁巳 辛巳 未 丁未 辛未 酉 丁酉 辛酉 亥 丁亥 辛亥

地理大全曰。分金之法。以二十四山分十二宮。每一宮共十分金。如子癸同宮。以甲子丙子戊子庚子壬子。一布於子。再布於癸。丑艮同宮。以乙丑丁丑己丑。辛丑癸丑。一布於丑。再布於艮。是也。然專用丙丁庚辛者何。渾天之法。甲壬納於乾。乙癸納於坤。己納於離。戊納於坎。乾則三畫純陽。坤則三畫純陰。離則上下皆陽。坎則上下皆陰。無生育之氣。故此四卦所納之干。俱不取用。惟震巽艮兌四卦。或上陽而下陰。或上陰而下陽。皆有生機。故其所納之干。為立向者之取用焉。

分金考

百二十分金之說，照地理大全，以子癸全宮起，由子之邊加入甲子、丙子、戊子、庚子、壬子，每一宮加入十度分金，再於丑艮二字，加入乙丁巳辛癸，挨次相加。照此考之，則壬癸丙丁四向是陽釋陰，陰釋陽，似有不合。照陽宅大成，壬子同宮照推，則艮坤甲庚乙辛六向又更不合。予議陽配陽，陰配陰，亦照順序加入，方與干支卦爻之陰陽，不至紊亂，特繪是圖於左，以備考訂。問答圖解再錄于下或曰：君所訂正分金之位數，陰陽已無駁雜矣。但二十四山向分爲十二宮，百二十分金之數，每宮應得十數，何以辰亥獨得五數，寅未兩宮各得十五數，何也？

予曰：百二十分金之數，是將六十納音之數重佈於各宮。公何不考諸納音之原之數，而後方能了然。公既有此問，予卽將所以然之數詳而言之。夫納音本乎大衍之數。甲己子午九，乙庚丑未八，丙辛寅申七，丁壬卯酉六，戊癸辰戌五，巳亥四。支干共合得百四十八數。另四維之乾納甲，其數九；坤納乙，其數八；艮納丙其數七巽納辛其數七四維共三十一數大共一百七十九數二十四位共應得數百七十九與三元大運一百八十年數而遺其一蓋天地之數有不能盡者也照推大運每年將百二分金歸之得六七數故將二十四位所分佈仍與六七數比例之方合大衍之數也再將和較之數伸而明之可了然矣甲己子午三十六之數折實得數以除甲子午各得五是本身之數五因二十四向無戊己已陰土也未坤亦陰土也所以附於未宮得十五之數尚餘外分附坎

離所納壬寅戌癸甲辰之方。乙庚丑未。三十二數照折得。以除四方本身所得二十之數。餘附於震兑所納庚亥未丁巳丑之方。丙辛寅申二十八數照折得此數四位應占二十數。故應收入坎離所納之餘。齊其二十之數。丁壬卯酉二十四之數照折得此。四位應得二十之數。戊癸辰戌五位。每位折得此。癸戌二位不足之數。應照收入坎離所納之餘。以足其十。癸戊先後天皆有納。辰只後天之數。故辰只得其五耳。是以獨得一位。二十四山無戊己。戊陽土也。故附於艮艮陽土。又與寅同宮。故寅亦得十五數也。巳亥各數四照。折得些巳本身之數不足五。應收入兌所納之餘。而齊其十。爲亥。是數之終。除各位先收補足齊五齊十之數。只剩其一零。連其本身尚不足五數。故亥只得一位。尚欠奇零。以此考之。即週天數三百六十五有奇。不能以齊三百六十度之數。即此之謂也。

以上各數。舉其大畧。請細算之。便知其數之的當矣。

考訂分金圖

照納音納甲所得分金之位數陰陽圖考

年月尅山家圖

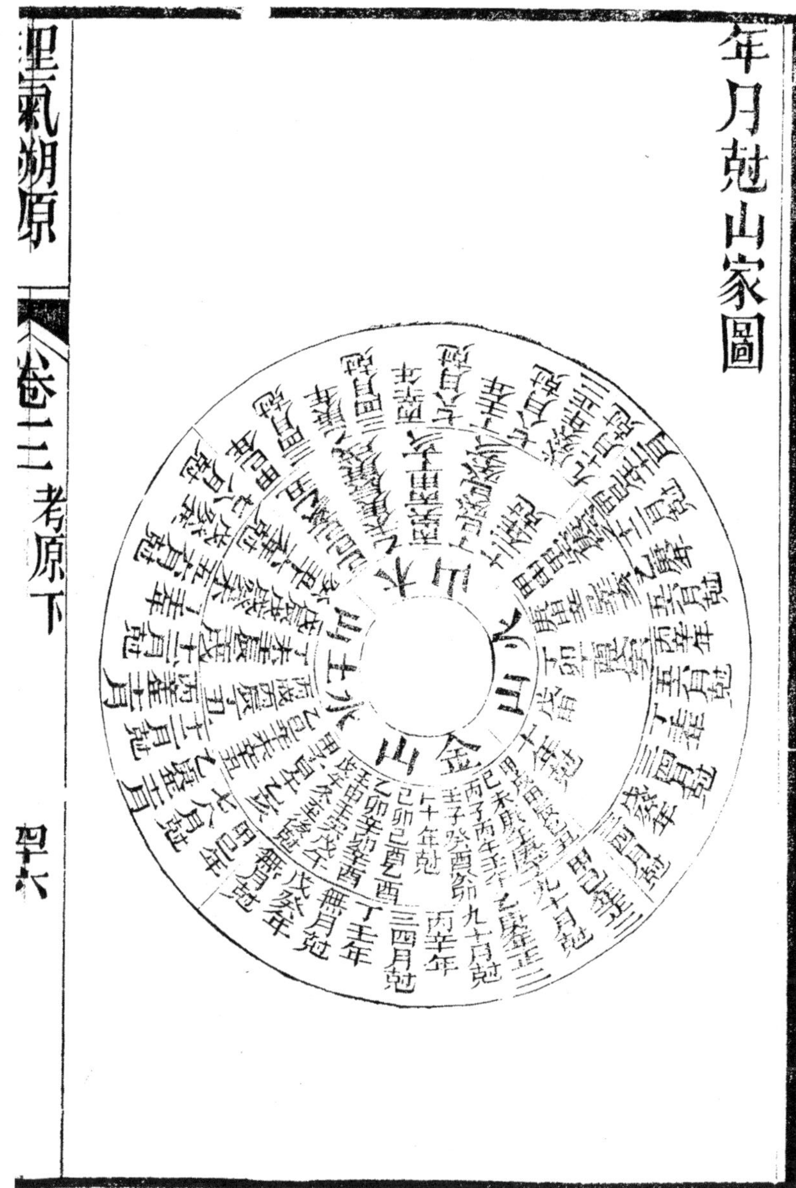

墓龍變運圖

三木山 艮震巳

八水山 丑癸坤庚未

甲寅辰巽戌坎辛申

丙辛年 水運

丁壬年

乙庚年 金運

甲己年 土運

通書大全曰二十四山洪範五行爲正運用本年五子元遁數至本山墓辰之納音爲變運取太歲納音與本年墓運納音相生合爲吉墓運音剋太歲納音尤吉惟忌年月日時之納音剋墓運納音耳。

甲寅辰巽戌坎辛甲八山正運屬水丑癸坤庚未五山正運屬土水土墓在辰。

甲巳年戊辰木運忌用金年月日時

乙庚年庚辰金運忌用火年月日時

丙辛年壬辰水運忌用土年月日時

丁壬年甲辰火運忌用水年月日時

戊癸年丙辰土運忌用木年月日時

離壬丙乙四山正運屬火火墓在戌

甲巳年甲戌火運忌用水年月日時

乙庚年丙戌土運忌用木年月日時

丙辛年戊戌木運忌用金年月日時

丁壬年庚戌金運忌用火年月日時

戊癸年壬戌水運忌用土年月日時

震艮巳三山正運屬木木墓在未

甲巳年辛未土運忌用木年月日時

乙庚年癸未木運忌用金年月日時

丙辛年乙未金運忌用火年月日時

丁壬年丁未水運忌用土年月日時

戊癸年己未火運忌用水年月日時

乾亥兌丁四山正運屬金金墓在丑

甲巳年乙丑金運忌用火年月日時

冬至後丁丑水運忌用土年月日時

乙庚年丁丑水運忌用土年月日時

冬至後己丑火運用水年月日時

丙辛年己丑火運忌用水年月日時

冬至後辛丑土運忌用木年月日時

丁壬年辛丑土運忌用木年月日時

冬至後癸丑木運忌用金年月日時

戊癸年癸丑木運忌用金年月日時

冬至後乙丑金運忌用火年月日時

按墓龍者。本山龍洪範五行之墓庫變運者。本墓庫之納音隨歲運而變者也用五子元遁者與七政自冬至起算同義上年冬至已屬今年今年冬至即屬明年天地之運皆自子始也然五子元遁始子終亥而一歲統四時冬至後丑月歲君未更而墓運已改丑爲金墓故金山之墓運冬至後又重變也如甲山正運屬水水墓在辰甲已年五子元遁自甲子順數得戊辰納音屬木即爲木運乾山屬金金墓在丑甲已年五子元遁自甲子順數得乙丑納音屬金即爲金運冬至後屬乙庚年用乙庚年五子元遁自丙子順數得丁丑或用甲已年五子元遁自甲子順數至

乙亥。又進而順數至丑。亦得丁丑納音屬水。即爲水運。餘倣此。

三易考原

四庫全書。經部總敘曰。經稟聖裁。垂型萬世。刪定之旨。如日中天。無所容其贊述也。然世之說理氣者。凡言卦必以連山卦歸藏卦。而不言及周易。使後之人。候爲周易只用以卜筮。連山歸藏則用之風水理氣。以訛傳訛。誰其考之。而不知三易皆同一理耳。姑先考諸說連山歸藏。者遵邵陳朱諸先生之易。不下千

百卷未嘗言遵連山歸藏也獨宋元昇撰三易備遺
十卷其書本河圖洛書一卷連山三卷歸藏三卷周
易三卷元昇自序亦兼言三易而鼂翁進狀特稱著
中天歸藏書數萬言未詳其故提要駁之謂豈以先
天後天皆儒者所傳述而中天之說元昇揪之故標
舉見異云　國朝趙繼序撰周易圖書質疑二十四
卷其書以象數言易而不主陳邵河洛之說謂作圖
者本於易而反謂作易者本於圖持論頗平允惟以
帝出乎震爲夏之連山坤以藏之爲殷之歸藏提要

謂本程智之說而推衍之未免曲解夫子所贊周易也又明唐樞撰易脩墨守一卷其書以連山爲文王八卦圖以歸藏爲伏羲方圖四庫謂其於義頗疏云又明李奇玉撰雪園易義四卷圖說一卷其書各圖說皆推演先天之舉因雲林傳氏之說以先天爲歸藏後天爲連山紀曉嵐先生謂其議論縱横詞勝於理又出邵氏本論之外矣　國朝陸奎勳撰陸堂易學十卷四庫提要謂其以己意訓釋於前人亦無大異同惟謂伏羲但畫卦而無卦名并各圖說及連山

圓圖。歸藏圓圖。易卦序圖。各說新異。所引據亦皆未確云。　國朝潘咸撰易蓍圖說十卷。所言三易甚詳。是書凡周易大衍蓍六卷。連山易蓍三卷。歸藏易蓍一卷。咸自爲之序。其說謂讀易者。當自知蓍。始易有三。蓍亦有三。周易大衍蓍。用四十九策云云。邵子皇極經世。爲連山蓍。用九十七策云云。後周衛嵩元包。爲歸藏蓍。用三十六策云云。總會而論。則連山歸藏。與周易皆同一理無疑。咸又以進贛易林。參同契月卦。乾坤鑿度軌數。及纖緯諸占。爲大衍之遺意。以管輅觀枚數參同契納甲及奇門遁甲辨音拆字諸占爲連山之遺意以京房珠林翼氏風角素問五運六氣及揚子望雲省氣諸占爲歸藏之遺意一以數斷其吉凶一以納甲五行生尅斷其吉凶惟元包云出歸藏於古有徵其餘大抵臆說無所授受然則用卦之說多主占驗而非用于羅經理氣明矣獨內府本有古三墳一卷案之墳之名見於左傳然周秦以來經傳子史從無一引其說者不但漢代至唐咸不錄也此本晁公武續書志以爲張商英得於比陽民舍陳振孫

書錄云云。其書分山墳氣形墳。以連山爲伏羲之易。歸藏爲神農之易。乾坤爲黃帝之易。各衍爲六十四卦而繫之以傳。提要謂其策辭政典之數淺陋尤甚。并以燧人氏爲有巢氏子。神農氏爲伏犧氏子。謂古來之僞書莫拙於是。然則歷查連山歸藏二易。實難的確。大約以周易圖書質疑之說爲長。在夏則爲連山。在殷則爲歸藏。在周則爲周易。皆同一理。如晉之乘。楚之檮杌。魯之春秋。一也。故連山歸藏之易。只論占耳。而作周易之書。論卦。論數。論爻。論氣。論運與及奇

理氣溯原　卷之三　考原下　峯

門遁甲納音納甲無所不有難以枚舉至夫從邵從陳從程從朱各隨其說亦無不可

天干地支化氣考

理氣之要非生尅制化無以決其吉凶但生尅是淺而易知制化是奧而難見故將其理考其原而畧言之三合四局之化是既成局者也故能生扶尅洩制服之用爲十干化氣是化其氣使不能以尅洩耳至于生發之理無所扶補考其訣曰甲己化土乙庚化金丙辛化水丁壬化木戊癸化火其化氣之義也如

甲巳何以謂之化土。蓋因已爲中天之土。况己得祿于午。癸水受其尅制。必得甲以合之。而化其土氣。故謂之化土。又甲爲己之夫。星得夫婦衷和之義。不相尅制而相配合。故謂之化。乙庚何以化金。蓋庚金至堅而剛。得秋天肅殺之氣。甲木爲其傷尅。故以乙妹妻之。而化其剛健之性。使其不尅甲木。故謂之化金。丙辛二字。全無水。何以亦謂之化水。蓋因火必畏水之沖尅。無法以和之。若用戊己土尅其水。則又受戊已之洩。火氣不能勝其任。故用丙火以帮身。更得丙合辛牽制其金使不得生水故謂之化水丁壬何以謂之化木土畏木尅欲救土先用丁妻以妻之亂其性使不生木由恐其未能化故更用火以扶其土但丙爲太陽之火不能生土丁爲陰火故耑用丁而不用丙也故謂之丁壬化木也戊癸何以又謂之化火也凡金之性見火必鎔長畏丙丁之相尅丁爲炉灶之陰火故用癸以制之丙爲太陽之火難以尅制故用戊土以埋其金雖有陽火亦不畏其尅故謂之化火十干化氣之義既明當思地支六合之要子丑合

土者。因子位乃先天之坤位也。更得丑土爲之助。故其合。子丑而爲土。寅屬木得亥水長生之氣而旺。故曰合木。考原謂卯之爲言茂也。言萬物之當茂也。戌者。言萬物之當盡滅。萬物遇火則化。况合夫卯乃得合之木。其火遂生。故卯戌曰合火。酉屬金。辰屬土。金由土而生。故合金。申巳合水者。考原曰。金之始生也。水之機在焉。申故屬金。又申金長生在巳。故其生水必矣。故曰巳申合水。七政以午爲太陽。未爲太陰。故午與未合。謂之日月合璧。其五行化氣之義。各有不同。一則合之使其氣純而化也。二則合之而後其氣再加旺也。至夫天干六合。地支六合之外。尚有三合局之化。納音納甲之化。八卦九宮之化。五運六氣之化可不察乎。明其化自知其制矣。當於考原各条查之可乎。

十干化氣。或有謂甲己即化而爲土。乙庚即化爲金。丙辛即化爲水。丁壬化爲木。戊癸即化爲火。其義與上所考相悖違矣。質諸協紀制煞之義。亦謂化氣用化氣制。如甲己化土。用丁壬化木以制之是則又化爲土之説似的。但協紀考原亦未有發明其義。考諸理氣之書。亦少有解其義也。兩説亦姑存之。以俟再考可也。或又曰。兩説皆有理。但其所用不同耳。甲己之化土也。是化其氣使不尅水之化。己得甲而化土。是合己甲而成土之化。考原附論曰。木之始生也。火之機在焉。蓋己土旺于己土雖得火而不能生。必火焚其木。而後土乃生焉。故甲木入夏。乃火當初旺。是木生火而成土之義也。又庚得乙木。是化其金氣。使不尅甲木也。爲乙得庚是變而爲金者何也。金之性。非煆煉之不能以成其器。千里馬云。火煉庚金。造作劍鋒之器。故欲得火。先須得木。亦木生火機之義也。金庚生于巳。乙木敗于巳。金既成焉。乙木灰矣。故乙從庚而爲金。丙得辛而化其水氣之義已明。爲辛得丙而化爲水者何也。金水之義理實有之。而未嘗見。故格物志有曰。以火炙金。其水自出。是辛得丙而爲水耳。壬得丁。謂化其木氣使不尅土也。丁得壬而化木者。蓋考原謂陽死陰生之義耳。丁火死于寅。

壬得祿于亥。故寅亥合木。丁得祿于午。甲木死于午。是故凡木旺于春。而果于午者。即所謂五行絶處。即是胎元。故丁得壬而化爲木。又癸得戊而化其火。使不尅金也。已得其說。而戊得癸而化爲火者。以戊爲中央陽土。萬物皆賴其生。五行皆藏其內。得癸而化火者。是濕能生火之義也。木非附于火土而不能生。火非土木而不能發。是故土有水。則草木自然而生。是則火之機。皆自水土而始也。故謂之化爲火。兩說之義。各有所詳。亦能自完其說。故特撮而合解之。要之五行化生之義。不盡不絕。故曰。爲於理有未窮云。

太陽到方考

太陽到方。協紀已詳解。後立到方表于下。以爲一定之規。但各有出極度數。地有不同。故必要深明其理方得分度無訛。況近所用之羅經。并與時辰表之快慢。俱有分秒之差。雖擇吉既知。亦無用耳。且市上所賣之日規。實難較証時刻。茲倣測量之法。于平水羅經之上。製勾股影線器一件。一則使線度無差。二則使太陽到方之度。可能目擊。即未經學測量者。亦得一目了然。并將京師及廣東廣府太陽到方之表同立于下。其法不過以廣東與京師。北極出地度數而推耳。此一定之法也。但恐世遠年湮。刻本又不能不差。即立表亦爲無用。況各鄉與省城地道。又復不同。究不如測量之法。乃一定之規也。識者想亦以爲然。

選擇之要。太陽到方爲上吉之用也。表内雖已列名節氣。但仍有節前日數多少。節後日數多少。算準刻分之數。併與羅經之線度符合用之。

方能應驗也或恐時辰表不準用之宜早數分興工預早一分則必有弔合之時遲則過去萬難符合倘早數分是凶星到方則又當別論若此則要預先較合時辰表不可使其或早或遲更爲妥當即如弔合帝星太陰各吉星亦同此論想識者亦以爲然

京師太陽到方時刻表

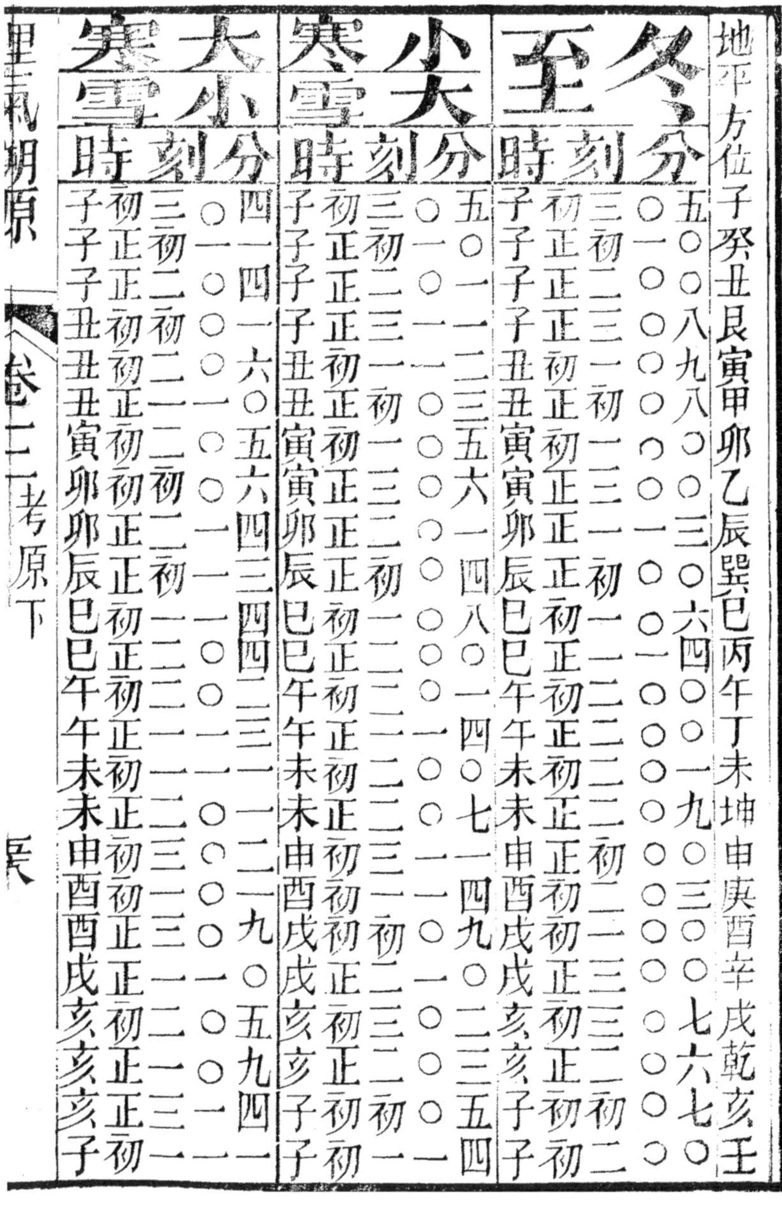

地平方位	冬至 分		刻	時		小寒大雪 分		刻	時		大寒小雪 分		刻	時	
子	五	○	三	初	子	五	○	三	初	子	四	○	三	初	子
癸	○	一	初	正	子	○	一	初	正	子	一	一	初	正	子
丑	○	○	二	正	子	一	○	二	正	子	四	○	二	正	子
艮	八	○	三	正	子	一	一	三	正	子	一	○	初	初	丑
寅	九	○	一	初	丑	二	一	一	初	丑	六	○	二	初	丑
甲	八	○	初	正	丑	三	○	初	正	丑	○	一	一	正	丑
卯	○	○	一	初	寅	五	○	一	初	寅	五	○	二	初	寅
乙	○	○	三	正	寅	六	○	三	正	寅	六	○	初	初	卯
辰	三	一	一	正	卯	一	○	二	正	卯	四	一	二	正	卯
巽	○	○	初	正	辰	四	○	初	正	辰	三	一	初	正	辰
巳	六	○	一	初	巳	八	○	一	初	巳	四	一	一	初	巳
丙	四	一	一	正	巳	○	○	二	正	巳	四	○	二	正	巳
午	○	○	二	初	午	一	○	二	初	午	二	○	二	初	午
丁	○	○	二	正	午	四	一	一	正	午	三	一	一	正	午
未	一	○	二	初	未	○	○	二	初	未	一	一	一	初	未
坤	九	○	二	正	未	七	○	二	正	未	一	○	二	正	未
申	○	○	初	正	申	一	一	三	初	申	二	○	三	初	申
庚	三	○	一	初	酉	四	一	一	初	酉	一	○	一	初	酉
酉	○	○	一	初	戌	九	○	初	初	戌	九	○	三	正	酉
辛	○	○	三	正	戌	○	一	二	正	戌	○	一	一	正	戌
戌	七	○	三	初	亥	二	○	三	初	亥	五	○	二	初	亥
乾	六	○	二	正	亥	三	○	二	正	亥	九	○	一	正	亥
亥	七	○	初	初	子	五	○	初	初	子	四	一	三	正	亥
壬	○	○	二	初	子	四	一	一	初	子	一	一	一	初	子

地平方位	立春 立冬 分		刻	時		雨水 霜降 分		刻	時		驚蟄 寒露 分		刻	時	
子	二	○	二	初	子	○	○	三	初	子	三	一	二	初	子
癸	三	一	初	正	子	○	○	一	正	子	二	○	一	正	子
丑	九	○	二	正	子	一	○	三	正	子	八	○	三	正	子
艮	○	一	初	初	丑	七	○	一	初	丑	四	○	二	初	丑
寅	五	○	三	初	丑	六	○	初	正	丑	八	○	一	正	丑
甲	三	一	三	正	丑	四	○	初	初	寅	二	一	二	初	寅
卯	○	一	三	初	寅	六	○	一	正	寅	三	○	三	正	寅
乙	二	一	一	初	卯	七	○	三	初	卯	三	○	一	正	卯
辰	九	○	三	正	卯	八	○	一	初	辰	○	○	三	初	辰
巽	四	○	一	正	辰	三	一	二	正	辰	○	○	初	初	巳
巳	八	○	二	初	巳	四	○	三	初	巳	二	○	初	正	巳
丙	九	○	二	正	巳	○	○	三	正	巳	八	○	三	正	巳
午	四	○	二	初	午	六	○	二	初	午	八	○	二	初	午
丁	一	一	一	正	午	九	○	一	正	午	七	○	一	正	午
未	六	○	一	初	未	○	○	一	初	未	七	○	初	初	未
坤	七	○	一	正	未	一	一	初	正	未	三	一	二	初	未
申	一	一	二	初	申	二	○	一	初	申	○	○	初	初	申
庚	六	○	初	初	酉	七	○	二	正	申	○	○	一	正	申
酉	三	○	二	正	酉	八	○	初	正	酉	二	一	二	初	酉
辛	五	○	初	正	戌	九	○	二	初	戌	二	一	初	初	戌
戌	二	○	一	初	亥	一	一	三	正	戌	三	○	二	正	戌
乾	○	一	初	正	亥	九	○	三	初	亥	七	○	二	初	亥
亥	五	○	三	正	亥		○	二	正	亥	一	一	一	正	亥
壬	六	○	一	初	子	四	一	初	初	子	七	○	初	初	子

地平方位	春分 秋分 時	刻	分	清明 白露 時	刻	分	穀雨 處暑 時	刻	分
子	子初	二	一○	子初	二	○八	子初	二	○六
癸	子正	一	○五	子正	初	○七	子正	一	○九
丑	丑初	初	○一	丑初	初	○八	丑初	一	○○
艮	丑初	二	○二	丑初	三	一四	丑正	初	[illegible]一
寅	丑正	二	一二	寅初	初	○○	寅初	一	○三
甲	寅初	三	○六	寅正	一	○○	寅正	二	○八
卯	寅正	二	○○	卯初	二	一二	卯正	初	○九
乙	卯正	一	○一	辰初	初	一三	辰初	二	○九
辰	辰正	初	一○	辰正	二	○六	辰正	三	一一
巽	巳初	一	○四	巳初	二	○七	巳初	三	一○
巳	巳正	初	一四	巳正	一	○四	巳正	二	○九
丙	午初	初	○○	午初	初	○○	午初	初	一四
午	午初	二	一一	午初	二	一三	午初	三	○○
丁	午正	一	○四	午正	二	○二	午正	一	○○
未	未初	初	○○	未初	初	○○	午正	三	○一
坤	未初	三	○一	未初	二	一一	未初	一	○六
申	未正	二	一一	未正	一	○八	未正	初	○五
庚	申初	三	○五	申初	二	○九	申初	初	○四
酉	申正	二	一四	申正	三	○二	申正	一	○六
辛	酉正	一	○○	酉正	一	○三	酉初	三	○六
戌	戌正	初	○九	戌正	三	○○	戌正	一	○七
乾	亥初	一	○三	亥初	初	○○	戌正	二	一二
亥	亥正	初	一三	亥正	初	○一	亥初	三	○四
壬	子初	初	○○	亥正	三	○七	亥正	三	○○

地平方位	子癸丑艮寅甲卯乙辰巽巳丙午丁未坤申庚酉辛戌乾亥壬
立夏 立秋	
分	三三一六七一七四四二一一五六三二九○四三一一八四八九
分	○一○○一○○○○一○○○一○一○一一一○○○○
刻	二一一一二初二初一初三一三初二初三二三三三二二一
刻	初正初正初初正正初正正初初正正初初正初初正正初正
時	子子丑丑寅卯卯辰巳巳巳午午午午未未未申酉酉戌亥亥
小滿 大暑	
分	三三一一二三○○五九四一四一四一六○五五三三四四
分	○一一○○○一一○○一一○一○○○一○○一一一○
刻	二一一二三三三三一二一三二三初二初二一二初二初一二
刻	初正初正初初正正初正正初初正正初初正初初正正初正
時	子子丑丑寅卯卯辰巳巳巳午午午午未未未申酉酉戌亥亥
芒種 小暑	
分	一四○七一四○○三三四四五○一一二三五五一四八○
分	○一○○一一一一○○○一○一○一一○○○○○○○
刻	二一二二三三初二二二初二三初二三一一三二初一一二
刻	初正初正初初正正初正初初初正正初正初正正正初正
時	子子丑丑寅卯辰辰巳巳午午午午午未未申申酉戌亥亥

夏至

地平方位	分	刻	時
子	○○	二初	子
癸	○○	二正	子
丑	一○	二初	丑
艮	○一	二正	丑
寅	○○	初正	寅
甲	四○	二初	卯
卯	○○	一初	辰
乙	○○	三正	辰
辰	七○	三初	巳
巽	七○	二正	巳
巳	七○	初初	午
丙	八○	二初	午
午	五○	三初	午
丁	○一	初正	午
未	七○	一正	午
坤	八○	三正	午
申	八○	一初	未
庚	八○	初正	未
酉	○○	一初	申
辛	○○	三正	申
戌	一一	一正	酉
乾	○○	初初	戌
亥	五○	一初	亥
壬	一一	一正	亥

地平二十四方。每方十五度。子正初刻當子中。午正初刻當午中。則是午正前七度半己交午。而午正後七度半方盡午而交丁也。前後遞加十五度算。用表之法。如夏至節作午方。宜用午初三刻五分至午正初刻十分。皆爲太陽到方。餘倣此。

廣東廣州太陽到方時刻表

地平方位	冬至 分		冬至 刻		冬至 時	小寒 分		小寒 刻		小寒 時	大寒 分		大寒 刻		大寒 時
子	○	○	初	正	子	四	十	三	初	子	三	十	三	初	子
癸	○	○	初	正	子	一	○	初	正	子	二	○	初	正	子
丑	一	○	初	正	子	二	○	初	正	子	六	○	初	正	子
艮	一	○	初	正	子	二	○	初	正	子	分	十	初	正	子
寅	一	○	初	正	子	四	○	初	正	子	一	○	一	正	子
甲	一	○	初	正	子	六	○	初	正	子	四	十	一	正	子
卯	三	○	初	正	子	四	十	二	正	子	八	○	初	初	丑
乙	○	○	二	正	丑	四	十	二	正	丑	六	○	二	初	寅
辰	二	十	初	正	卯	二	○	一	正	卯	七	○	二	正	卯
巽	五	○	一	正	辰	一	十	一	正	辰	九	○	二	正	辰
巳	一	○	三	初	巳	二	○	三	初	巳	分	十	三	初	巳
丙	一	○	三	正	巳	二	○	三	正	巳	八	○	三	正	巳
午	六	○	二	初	午	七	○	二	初	午	八	○	二	初	午
丁	九	○	一	正	午	八	○	一	正	午	七	○	一	正	午
未	四	十	初	初	未	三	十	初	初	未	七	○	初	初	未
坤	四	十	初	正	未	三	十	初	正	未	五	○	初	正	未
申	十	○	二	初	申	四	○	二	初	申	六	○	一	初	申
庚	三	○	三	初	酉	三	十	二	初	酉	八	○	一	初	酉
酉	○	○	二	初	亥	一	○	一	初	亥	九	○	一	正	戌
辛	二	十	三	初	子	一	○	一	初	子	七	○	三	正	亥
戌	四	十	三	初	子	九	○	三	初	子	一	○	二	初	子
乾	四	十	三	初	子	一	十	三	初	子	四	十	二	初	子
亥	四	十	三	初	子	二	十	三	初	子	五	○	三	初	子
壬	四	十	三	初	子	三	十	三	初	子	二	十	三	初	子

地平方位　子癸丑艮寅甲卯乙辰巽巳丙午丁未坤申庚酉辛戌乾亥壬

立春
立冬

分
一四二六六一六二三三七二分五三八三三三九四九九三
十〇十〇〇〇〇十十〇十十〇〇〇〇十〇十〇〇〇

刻
三初初一二初三二初三初三二初三初三二一初三初三一初三一二三

時
初正正正正初初正初正正正初正初初初正初正正初初初
子子子子子丑寅寅辰辰巳巳午午未未申申戌戌亥子子子

雨水
霜降

分
九六五六四八四二一四六六五四一分九九一三一七一九分
〇〇〇〇十〇十十〇〇〇十〇十〇〇十〇〇〇〇十

刻
三初一二三三三一三三二初初二一三二二初二初一初一二

時
初正正正正初正初初初初正初初正初正正正初正初初初
子子子子子子丑丑卯辰巳巳午午午未未申酉亥亥子子子

驚蟄
寒露

分
六九二六八一八六二一七四〇〇一八四三九七四七九二
〇〇十〇〇〇〇十〇十〇〇〇十〇〇十〇〇〇

刻
三初一三一一三一一三二初三一三一初二二初二初二

時
初正正正初正正正初正初初正初正初初正初正初初
子子子子丑丑丑卯辰巳巳午午午午未未申酉戌亥亥子子

地平方位子癸丑艮寅甲卯乙辰巽巳丙午丁未坤申庚酉辛戌乾亥壬

春分 秋分

分刻時

三二七二五六二四六一八八三二七七四九一四九分八八

〇十〇〇〇〇〇十〇十〇〇〇十〇〇〇〇〇十〇十〇〇

三初二初三初三初初三一三初二初三三三初三初三一

初正正初初初正初初正正初初正正初初正正初正正正初

子子子丑丑寅寅辰巳巳巳午午午午未未未申戌戌亥亥子

清明 白露

分刻時

〇〇一八四三九七四七九二六九三六八一八六二一七四

〇〇〇〇十〇〇十〇〇〇〇十〇〇〇〇十〇十

三一三一初二二初二二初二三初一三一三一一三二初

初正正初正初初正初正初初初正正正初正初正正初正初

子子子丑丑寅卯辰巳巳午午午午午午未未申酉戌亥亥子

穀雨 處暑

分刻時

二三分九六二三一七一九一九六四六四八四二四六六五

十〇十〇〇十〇〇〇〇〇十〇〇〇十〇十十〇〇〇〇

二一三二一初二初一初一二三初一二三二三一三一一初

初正正初正正正初正初初初正正正正初正初初初正初

子子子丑丑寅卯巳巳午午午午午午午未未酉戌亥亥子

地平方位子癸丑艮寅甲卯乙辰巽巳丙午丁未坤申庚酉辛戌乾亥壬

立夏 立秋

分
分五三八二二二二四九八三一四二六六一四二三三七二
十○○○○○十十十○○○十○十○○○○○十十○十

刻
二一初三初三一三二一二三三初初一二初初二初三初三
初正初初初正初初正初初初初正正正正初正正初正正正

時
子子丑丑寅寅辰巳巳午午午午午午午午未未申戌戌亥亥

小滿 大暑

分
八七一五六四九九一四五八三二七分一四八六一九分四
○○十○○○○○○十○○十○十○十○○十○○十○

刻
二一初初一一三二二三三初初一一初一二二三三
初正初正初初正正初初初初正正正正正初初正正初正

時
子子丑丑寅卯辰巳午午午午午午午午未申酉戌亥亥

芒種 小暑

分
六九三三四三一四九三三四○○一二三六一四二一六二
○○十十○十○十○十十十○○○○○○十○十○○

刻
二一初初二二二二三三三三初初初初初二一一一三三
初正初正初初初初初初初正正正正正正正正正初正

時
子子丑丑寅卯巳午午午午午午午午午未酉戌亥亥

夏至

地平方位	分	刻	時
子	○六	二	子初
癸	○九	二	子正
丑	十四	初	丑初
艮	十四	初	丑正
寅	十分	二	寅初
甲	○三	三	卯初
卯	○○	二	巳初
乙	十二	三	午初
辰	十四	三	午初
巽	十四	三	午初
巳	十四	三	午初
丙	十四	三	午初
午	○○	初	午正
丁	○○	初	午正
未	○一	初	午正
坤	○一	初	午正
申	○一	初	午正
庚	○二	初	午正
酉	○三	初	午正
辛	○○	二	未正
戌	十二	初	酉正
乾	○五	一	亥初
亥	○六	三	亥初
壬	○二	三	亥正

羅經管見自序

沅少孤家貧謀生異域性僻學藝麤不之退尋自愧多學少成以至年逾四旬爲未留意頗理氣幾如問色於盲因憶千年前擇地葬親延師定之向三覆細度玩定旋繼求正形似然實因羅經位置不平南針雖小微渺之故論語曰工欲善其事

自序　一

必先利其器，此之謂乎。緣想測星之法，新製羅經，用平水左旋，與法之舊式異，為的當確，恐同志者未知所用，遂請採取其要旨，畧簡成編，以之同好，俾得覽閱焉。但愧識見無多，敢云全豹，識如管見，或可窺天象數，年聊申鄙意，因名之曰羅經管見云。

光緒癸未南海茁馨陳[illegible]元拜序

茁馨

理氣溯源卷四目録

羅經管見

平水左旋羅經全式
平水左旋羅經分式
羅經初説
次説
太極陰陽五行説
理氣總論
理氣星體論
定南針即陰陽二氣解

製針問答論
每日氣數百刻六千分考併週天數解
楊筠松千金造命歌註解
尊帝二星考
北極帝星表
乾坤法竅謬立尊帝二星表
羅經同宮考
東西父母三般卦考
三合四局考

五行通變論
八宮三吉六秀八貴十二吉山發明
坤壬乙起例考
地理元文辨正圖考
理氣續編
先後天六十四卦體用備要
後天八宮卦爻所納
種原的論
技學後論

紀曉嵐隔四位而起父母卦考

論水法考

辨定中宮考

地理十八要

楊盆辨明

蔣盆辨明

左旋盆與右旋盆比例辨明圖

平水左旋羅經面圖

立向用羅經法　附平水羅經解

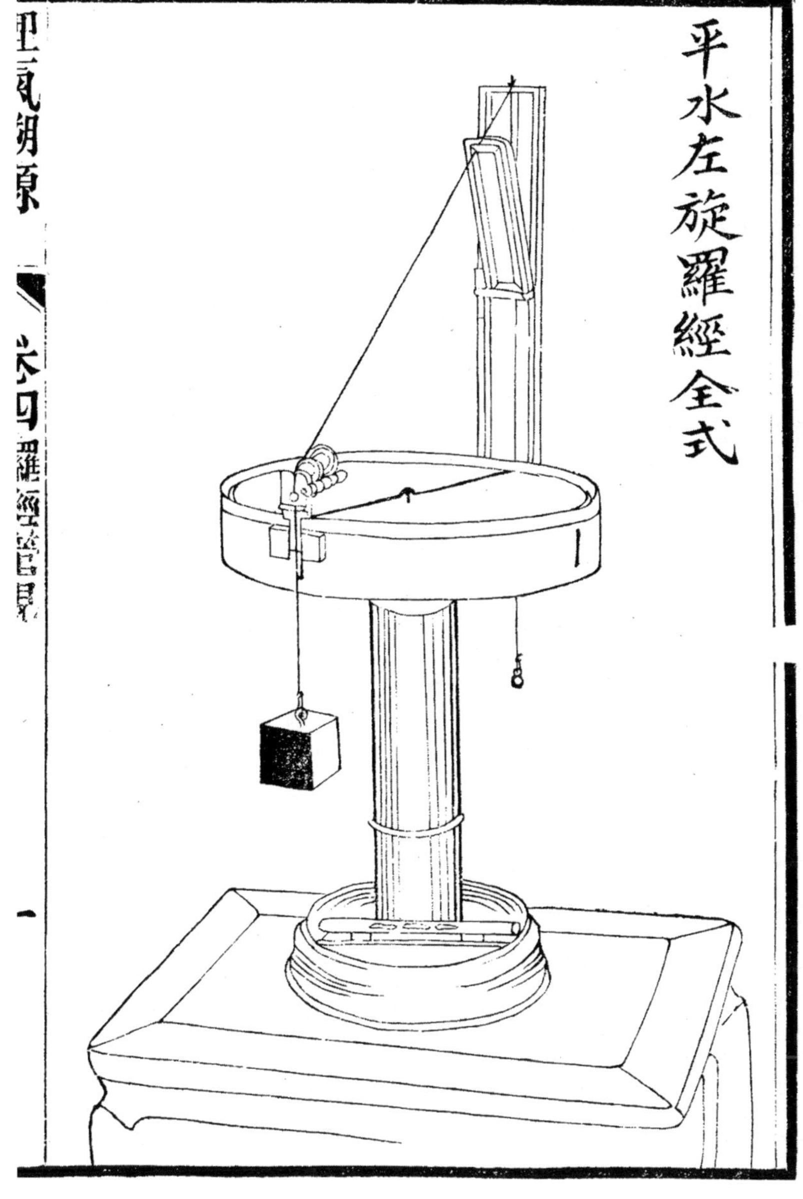

平水左旋羅經全式

此羅經以銅爲之。週圍用車床車過。使其平圓無偏槙之處。指南針以鋼鑄成製以電氣。如盤圓徑壹尺用南針九寸盤愈大愈易知其平針愈長愈易。知其準。針頂之準眼玻璃爲之。使其活動且靈面上蓋用玻璃勿使風吹搖動仍要四邊厚薄如一然後平水始能有準。盤底之邊。分十字鏬。卽子午卯酉鏬也最要微妙。不可有渺末之差若有少差并盤中之天柱有微末不正雖有平水羅經。亦與近世之羅經。同一廢物耳。盤之上用斜側雙面鏡一個、立向時使其鏡中之立線與碑中之線對。合。盤底之𨯁與碑線亦對合。斜線與企線亦符合。五線均皆符合雖欲差而不能也。子午線既定。然。後看其針所指方位。分金度數分秒便可使其無毫髮之差也。

製針之法。已於製針問答論詳解。惟平水尺一款。製法未及悉載。此件西人常有發售。價亦相宜。每枝值銀七八毫耳。故無容詳述也。

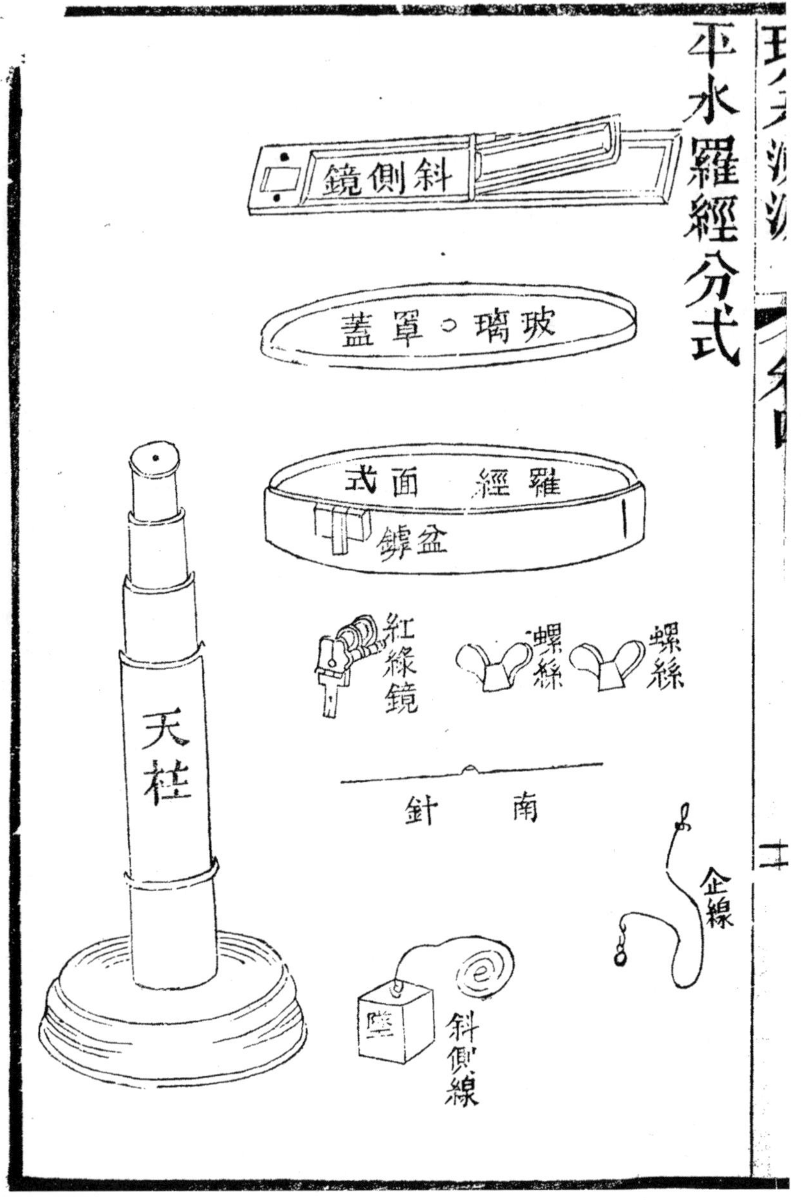
平水羅經分式
斜側鏡
玻璃○罩蓋
羅經面式
盆鐴
紅綠鏡
螺絲
螺絲
南針
企線
墜
斜側線
天柱

管見初說

蓋上世嘗有不葬其親者，孟子曰：掩之誠是也。故人葬一事，亦人子之急務者。然近日惑於風水，以爲禍福不旋踵，卜葬者欲先靈之骸骨不受風蟻之刼，而得以安葬久遠，是孝子仁人之用心。若以某地爲發公侯，某地爲出宰相，屢遷先人之骸骨，得以爲居奇實，非仁人孝子之本志也。近年堪輿，仍用楊筠松之羅盆步賴文俊之催官解，不深究羣書，安心自信，妄以談及天星為訂。而不知近日之天星。與古時之天星度數分秒。已差之久矣。卽催官解亦云。天運轉移。授時亦異。坐穴選擇。當趨時用。因時合宜。是在用者察之。雖然。精此道者。亦復不少。惟精此術者。更要精益求精。古云。工欲善其事。必先利其器。况有關大宗祖先靈。人生禍福。可不愼哉。且以數分長之定南針。而測天度之三百六十五度有奇之星位。豈無差乎。沅雖不敏。姑以淺而言之。料明此理者。斷不以沅為大謬也。羅經一

寸。其週必三寸一分四厘一毫五絲九忽六微

二秒五末。此一定之率也。近日羅經天池不及

一寸。則天度之一度。而羅經不足一厘。況有半

度太少秒末之分乎。更有用米盆坐羅經。不用

平水。則毫厘一差。便千里之謬。卽歷官欽天監

無象限等儀。不能以測星度。以此觀之。可知近

用之羅經。未爲妙也。然近世之所上。焉能以一

己之見。而破世人之沉迷者哉。茲特謹遵

欽定歷象考成。協紀辨方。伏羲先天卦圖。文王後天

卦圖。賈氏星經彙考。仍譜楊賴二公舊製羅經。新製爲一平水左旋盆。以質諸深明此理者。仍將二十四方位。先後天八卦。中針。逢針。百二十分金。二十四氣。帝星到方九星變卦。現時上元甲子。內甲申年前冬至之二十八宿居某宮度位分數。及三百座某星居某宮某度。倣測量之法。變而通之。毫厘不爽。較之近日所用之羅經斷不至如此之疏忽也。至於五行之生剋制化。是爲所用之人。自行推算可矣。

次說

曾子曰。所謂誠其意者。無自欺也。精風水者。能操興敗之權。如或立心蠱惑欺人。實自欺耳。動輒以爲仙人秘傳秘授。何仙人之多乎。聞有專以卦爻定向者。何古人立法。以二十四方爲主。而不專以卦爻分其方位。是可知也。又論卦爻。幾以意會。而不能以言傳者。果有之乎。予謂羅經能覆線不差者最難。卦爻與天星果準。亦難使其必的。試於十丈方平之地。分立三線皆同定向再用尺於前後相隔若干度之必差數寸。或差至尺者。十丈之地。而差至尺寸。千萬丈之天度。試計之。不知所差幾何。雖有三向不同之議。謂之移步換形之術。倘先定其所差幾何。而後立線。便自明其差也。或云能立三座祠堂向謂有三元不敗之說。吾謂以術欺人。斷非確論實使其線或差。亦能掩飾耳。明此理者。亦必以爲然。余新製之平水羅經。非敢云盡善。特欲厘正近日之羅經耳。望高明者。重加訂正。庶幾無遺憾焉。

太極陰陽五行說

太極者。天地萬物之始也。孔聖曰。易有太極。是生兩儀。兩儀者。陰陽二氣耳。天地亦陰陽二氣。卽天下萬物。無不是二氣之所生。無不有陰陽之所在。始由天地之陰陽。生出千千萬萬之陰陽。孔子又曰。兩儀生四象。四象者。亦陰陽之變。全陰居其一。全陽居其一。外陽內陰者又居其一。上陽下陰者又居其一。是則爲四象。在天則爲日月星辰。在地則爲金木水火。月爲陰。日爲陽辰為陽星為隂水為陰火為陽金為陰木為陽日月星辰由天而成金木水火由地而變故五行先成於土地即土也由土而生金金而生水水而生木木而生火火而後復生夫土此陰陽生生不絕之義也欲識陰陽二氣不離格物子曰致知在格物誠哉是言也即五行而畧言之五行生尅其理昭然豈知因生而反死之因死又復生之尅之甚不如洩之烈順生之速不如反生之疾非格物不足以知之木能生火人

所知也。合金土而能生火。人所罕知也。金水又能生火。人更罕知也。水能生木。人所易知。土能生木。人所不察。金能生水。其理穩。土之生水。其理更穩。土生金。其理易明。水亦可生金。其理難見。火生土。人所共知。水可生土。人實難明。夫以鐵擊石而出火。是合金土而生火也。以五金製藥入水而焚。是金水又能生火也。夫木必植於土而後生。是土之生木也。凡水必出於土。水之出地。而人不及察耳。即雨露之降。亦由地之氣試觀山下出泉。土生水之憑也。以水潤鐵。鐵不久而銹。即是水生金之驗也。試以淨玻璃之器。而貯下雨之水。不數日而土微現。是水生土之徵也。水與土相尅而復相生。相生而實相尅。先知其生。又後知其尅。木之尅土也。反不如水洩土氣之甚。金尅木也。反不如火洩木氣之烈。此不過淺言之。其五行生尅之奥。有不可以盡言。要之生尅制化。不外乎陰陽。即天地亦分兩陰陽。天之南則爲陽。天之北則爲陰。欲知南北之陰陽二氣驗知磁石制定南針者，是以地之陰陽二氣而知天之陰陽二氣也。天之北者，陽之陰也；地之南者，陰之陽也。因而四象成焉。由老陽而生少陽，由老陰而生少陰，遂而變爲無數之陰陽，推而遠之，天下萬物莫不賴乎陰陽。撮而觀之，是太極之一點耳。故伏羲畫八卦，亦循乎陰陽之理，自北之陰極而生陽，故内初爻由東北而至於南，爲陽四卦；又自南之陽極而生陰，故内初爻由西南而至於北，爲陰四卦，再分

理氣溯原　卷四　羅經管見　八

而爲二。實南半屬陽。北半屬陰。故中爻。南四爻俱屬陽。北四爻俱屬陰。是則陰陽定。而四象成焉。又外爻變而爲四。西南屬全陽爲老陽。東北屬全陰爲老陰。東南由陽而生陰爲少陰。西北由陰而生陽爲少陽。分之而八。於是先天八卦由此而成。乾居南屬老陽。坤居北屬老陰。故邵子以乾兌爲太陽者。亦因其內中二爻均屬陽。以坤艮二卦爲太陰者。亦由其中內二爻均屬陰。以離震二卦爲少陰者。以其陰居於中也。以巽坎二卦爲少陽者。亦由其陽居中也。八卦定而六十四卦遂生焉。乾之左右由陽而生陰。坤之左右由陰而生陽。遂化爲十六陰陽。是由內至外第四爻也。第五爻亦陽生陰。陰生陽。又分爲三十二陰陽。第六爻亦照生六十四陰陽。於是六十四卦成焉。故孔子推之爲大衍。分而爲三百八十四爻。一萬一千五百二十策。而陰陽之數畧備。生尅制化。吉凶休咎。不外夫陰陽。是故理不離夫氣。氣不離夫理。不明陰陽者。不得說夫理氣。

理氣總論

談天者言數。說地者言氣。數何能知。以理推之。氣何能辨。以理度之。故天下萬事萬物莫不有氣數存焉。數不可以謬論也。卽氣亦豈可以謬言歟。其爲氣也。視之而不可見。聽之而不可聞。推其理也。散之則彌六合。卷之則退藏於物。氣之理豈易言哉。黃極經世則以數推其氣運歷算全書。是以數測其節氣。數雖有定而推之於無極。亦不能齊其數也。故謂之氣數。今之說理氣者豈能以一河洛數而定之耶說理氣者實難盡舉有曰天氣地氣養氣生氣清氣濁氣煞氣曜氣金氣木氣火氣水氣土氣陽氣陰氣雲氣雹氣霞氣龍氣鬱氣雄氣敗氣衰氣死氣神氣艷氣香氣穢氣光氣黑氣氣之義豈可勝數哉大凡有氣者便能傳引卽磁石之引針只知其理可矣豈能見其氣乎卽考諸典籍亦舉其大畧耳祭義註曰天氣曰元氣後漢書曰升靈臺望元氣註曰元氣天氣也又內經曰五日謂

之候。三候謂之氣。續漢書曰。司馬彪候氣之法。爲室三重。除。疊周密。布緹幔室中。以木爲按。每律各一。內庳外高。從其方位。加律上。以葭灰抑其內端。按歷而候之。氣所動者。其灰散。人及風所動者。其灰聚。月令曰。孟春之月。天氣下降。地氣上騰。太極圖說曰。二氣交感。萬物化生。莊子曰。乘天地之氣。而御六氣之辨。傳曰。六氣陰陽風雨晦明也。史記曰。振兵治五氣。註曰。五氣。五方之氣也。書正義曰。二十八宿布於四方。隨天轉運所以敘節氣也此皆論天地之氣也文子守弱篇形者生之舍也氣者生之元也易乾卦曰同氣相求甲繫詞曰精氣爲物此言天地之氣相引於萬物之間也沅姑妄以理論其氣而畧言之夫天之氣無時不有地之氣無處不有人自不見耳卽五行萬物無一不有氣在焉金無氣則廢木無氣則枯水無氣則腐火無氣則滅土無氣則卸物有氣則生物無氣則死氣盛則旺氣弱則衰氣聚則旺氣散則衰陰陽二氣

即爲天地之氣。五方之氣。即爲五行之氣。故二氣相感。運動於天地之間。分爲五氣。而四時行焉。木氣之旺於春也。萬物感其氣而旺。人自見其形。未覺其氣耳。是故火之旺於夏也。炎氣當盛。雖有天雨下降。而不覺其寒者。何也。皆因形不足以勝氣耳。及其秋也。金氣當旺。萬木盡脫觀梧桐葉落。天下知秋。何乃水歸冬旺。雨水反少。言其旺者。言其氣也。非言其質也。觀夫冬天之水。一點便能寒透心脾。其氣之旺可知。土旺之氣運動於四時。爲四序之樞紐也。今之說地理者。以理氣與巒頭分爲兩途。予謂巒頭與理氣合而爲一。若不明地脈氣結之聚。又焉能定其穴位者哉。

理氣星體論

星體之說。不外五行。既有五行。何以復論九星。以其有兼體故也。如形兼兩曜。便與五行之生剋不同。如祿存是土兼金體。以生剋而論。是生火而轉洩金土之氣也。詳太極陰陽五行說如破軍是金頭火腳。以生剋而論。固不能生水。而轉洩水氣矣。一山而兼兩形者不少。或東西之望不同。或南北之望互異。是故非以理不足以測之也。山之形爲地之氣所宗。而後五行之體成焉。或曰九星之說，既名其爲貪而又狠，何以爲吉？廉既貞矣，何以爲凶？而不知九星之義，非在於字句之間，而實在於五行之中爲用耳。不過以其形而象其星之體也。故曰不明理氣者，亦不足以言巒頭云。

定南針卽陰陽二氣圖辨

中庸曰。能盡物之性。則可以贊天地之化育。大哉斯言。制定南針者。是知物之性耳。磁石是土中之一等。其得陰陽二氣最聚。鐵亦金之一等。其亦得陰陽二氣之最聚合而製之。故其靈動不凡耳。天地萬物。必有陰陽氣。但其卽聚卽散。因其傳引之易。而散亦易。夫陰陽之氣。必由尖須而入。故製指南針兩端必尖。遂與磁石之氣相引而過。磁石之氣屬陽者。必指北。與天陰氣相引而過。磁石之氣屬陰者。必指南。亦由與天之陽氣相引而通也。故製羅經針。非有平水尺斷不能用。何也。平水尺者。是與地平線相等。假合定南針不與地平線相等。則其針必不的指於南北正中矣。若將其針側身放之。其北針之尖。轉向下二十度數矣。該省之北極出地若干度。其向下大約必低若干度。如圖式然。假合再將其針盆企向東西。則其針必向下過四十五度之外。亦照地

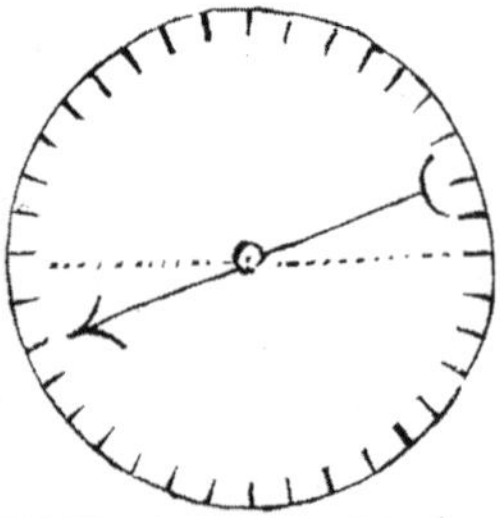

勢之高下。其針之向下亦照多少也。如再立之圖式然。倘更逆轉其盆針側於東南西北兩角。其針必與地平成十字形矣。亦因其陰陽二氣相引故耳。針之向下者。必是針之陽端。地之陰氣相引。其針豈能復向上乎。試觀復立之圖式細心思之便可了然。可知其羅經若不平放。則其定南針不的向於子午正線矣。若子午正線。倘然不合。則於星宿之宫度分

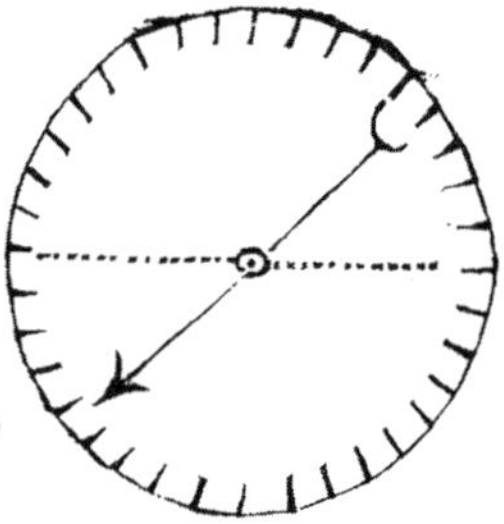

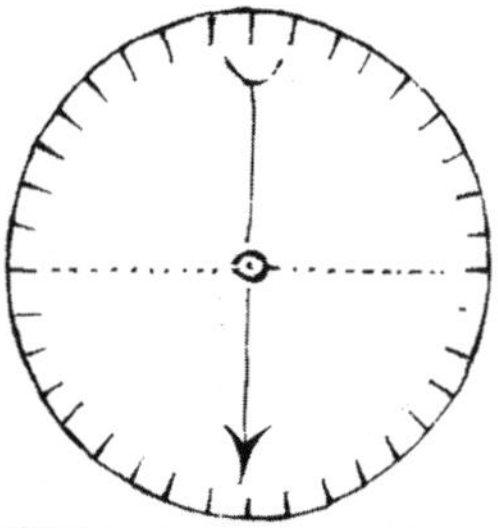

秒。何由測之耶。即二十四向之兼度若干線。亦無所的從矣。製羅經者。可不察乎。并用羅經時。身上切不可帶鐵器。若於定盆處五尺之內。有大件鐵器。其針之陽陰互相傳引。則南北之正中。便不準矣。慎之慎之。

製針問答論

鐘因叩則鳴。鏡因照則形。事因問故。使晦得明。

或問予曰。東西可以定針乎。曰。不可。天之東西旋轉無停。何能使其定向。南北是不動之方。故有定向耳。又問曰。若將定南針。截爲兩端。其向果何如。曰。其南端亦指南。北。其北端亦指南北。如兩南針耳。又問曰。分爲兩邊則何如。曰。必有一邊其所指北者。轉指南也。問曰。何以不俱指北乎。曰。已將其分而爲二。条其指北之尖氣之所聚兩氣相吸續而長之如一条長指南針然故其南端兩尖必要一指南一指北也又問曰假合續其南端於中又何如曰亦如是耳又問曰將其中間合兩指北之端而餘兩指南者又何端指南何端指北乎曰其端之氣足者指北氣不足者指南是北方氣之所聚天氣自北而南是之謂也又問曰指南針是鐵器何以能浮水面曰其兩端爲氣所引如有線吊之故能浮若果針身太重亦必沉也或又曰指南針有不

指於正北有之乎。曰。若其針之尖偏。則所指不正矣。其盆之不正。其針須正。而盆之線又覺其偏也。如上所云之理耳。其針兩端輕重不等。其指亦必偏也。或又問曰。指南針以何法製者爲力最猛最久。曰以電氣爲最猛最能久。磁石之力猛者次之。磁石之力小者。又其次也。又問曰。電氣如何製法。磁石如何製乎。曰先用銅絲二條。如螺絲綑於針之兩端。每頭之銅絲繫於電箱之繩處。頻頻紋之。則其氣自然傳引而過。氣聚於鉄。不久便能用矣。磁石製者。先以花針放於磁器碟面。加於磁石之上。其花針之嘴。必吸於磁石之北氣處。其針鼻自然與南氣相接矣。然後將其指南針之尖。吸於磁石之南氣處。亦一時之久。取起便可用矣。又問曰。如日久氣必漸漸減少。可能添足氣乎。曰可先將其針取出。用聚光鏡。卽影大鏡。如照火之法。照於指北之尖。其針自然加氣。若照於南之尖。其氣轉減矣。亦因日光爲陽氣。北爲陰氣。是陰陽相引而過。

亦聚於鉄身耳。故曰。不明陰陽者。不得說夫理氣。

每日氣數百刻六千分考併週天數解

按周禮總義，百刻分爲六千分。正與天元紀合。大論所謂天以六爲節也。照遵此數而推，則每日十二時。每時分八刻，二十分。每刻實計六十分。則每時實計五百分。總之一日之數，實得六千分也。每歲分二十四氣，每氣得十五日二時五刻十二分半。總一氣之數，共得九萬一千三百一十二分半。積四氣而成步。計得六十日十時四刻一十分。照計得三十六萬五千二百五十分也卽六微旨大論所謂六十日八十七刻半。是與此數仝矣。積六步而成歲。是每歲合計得三百六十五日二十三刻五分。卽週天三百六十五度四分度之一。總計每歲共得二百一十九萬一千五百分有奇。乃爲一歲之定數。亦週天之定數也。然近日推歷之法。則以每刻十五分算。共計每歲得五十二萬五千九百五十分。爲一週天。其法詳載於萬年歷法之篇。故於羅盆外週。分作一千零八十線。則每線計該得一千二百秒。總共計得一百二十九萬六千秒。再於第十九層。分爲三百六十度者。俾易於二十八宿内恒星度數分數秒數。得以查對。似覺微細。以週天之度。與日行度之比。太陽日行一週。約遲天一度。計一年之内。復至舊處。是謂之一週歲。故歲之日數。由天之度數而定。天之度數。實由日之度數而見也。歲有十二月。以月之行天。又遲於日。每日少天之十三度十九分度之七。又日百分度之三十七也。積二十九日九百四十分日之四百九十九。與日合朔。是爲一月。故於十二月之中。仍以二十四氣例之。因其積餘氣而成閏。故一歲中十二月外有奇也。說理氣者。可不知乎。又謹遵

欽定儀象後編。週天三百六十度。譜推歷之法而推每度以六十分算。每分以六十秒推算。共計得二萬一千六百分。倘再以八百一十六線分之。則每線應得二十六分四十七秒。合共計得二萬一千五百九十九分五十二秒。照計所差者。

不過只差八秒。與前數亦畧同。所立二十八宿度數照此推算可也。惟十二宫度數則照經星彙考。每宫分爲三十度，十二宫共三百六十度。至於分秒之數。則於一千零八十線求之。是爲至當。又以經星十二宫之三百六十度。比之儀象考成之三百六十五度二十三刻五分。相減實每度差一分四十秒有奇。故於盆内所分之數。二十八宿亦可能於一千零八十線求之。茲又照欽定歷象考成後編。并星經彙考。分爲三百六十度。十二宫各管三十度。二十八宿所占度數。并各恒星現年冬至。在某宫度數分秒之數。便能使其一目了然。若夫歲差少移。可於部尾之星經撮考查之。便能明白應取應與。是在用者通變也。

楊筠松千金造命歌註解

地理之書。不下數百卷。每於一卷之中。言巒頭者。十居其九。言理氣者。十居一二耳。況所用各執一說。令後人無所適從。予歷觀羣書。爲千金造命歌。眞得理氣之奧旨矣。且其詞語簡明。又非兩歧之說。特世遠年湮。後人尠解者有之。遂於羣書捜羅說之近理者。畧註於右。以俟後之高明再訂。但尊帝二星之說。遍查各書。均無尊星之名。故另立尊帝星考於後。俾更易於考究云。

天機妙訣値千金。不用行年與姓音。

協紀云。此造命之綱領也。行年。如幾十幾歲之類。姓音。卽五姓修宅也。世俗以此二者分吉凶。謬甚。故不用也。

但看山頭併命位。

協紀云。山頭乃來龍入首一節。及坐山也。命位者。卽本山命五虎遁。納音是也。沅謂與塟者之化命結穴相生相合更妙五行生旺好追尋。

此言其龍神生旺并與元運氣運相合。然後立向取其水神生旺以扶龍盃穴。便要追尋此法方爲至要。

一要陰陽不溷雜。

有觧以入首之龍爲陽龍。立向則用陽向。陰龍則用陰向。沉謂未能盡其奥旨。因陰陽之說不一。有以淨陰淨陽爲陰陽。有以天干地支陰陽爲陰陽。有以八卦陰陽爲陰陽。况立向必有兼度。或兼左。或兼右。或陽兼陰。或陰兼陽。若此豈又陰陽溷雜乎。若格龍定水立向均要歸邊。不可應用正五行爲陰陽。或又用双山五行。或又用元空五行。應又用八卦五行。或又用星體五行。如此則爲陰陽溷雜。方爲的論。況協紀云。古人不盡拘於淨陰淨陽也。如艮亥龍用申子辰者。三合補龍法云。

二要坐向逢三合。

協紀云。論三合以補龍。則補之有力。如巽龍作巳山亥向，用亥卯未局，以補巽龍，而蔣大鴻則以爲非，吳景鸞表章又以爲合。予謂但非止此三合耳，必要龍砂與水并穴均皆三合吉位，而後定向，如此則坐向皆吉，故爲二要，指此。

三要明星入向來。

明星指三百座之天星，内有吉星，造塟之日時，臨其方向，故謂之明星入向也。

四要帝星當六甲。

起帝星之法，選擇宗鏡以甲子起乾，次起坎崇正闢謬。與真鏡。均以爲非。予謂帝星者。指北極之帝星而言。故詳查詳解於帝星考。以備參訂。

四中失一還無妨。若是平分便非法。

若四要中失其一。尚作吉論。若二合二非。便非法矣。

煞在山頭更若何。

是指造塟年月日時之神煞也。

貴人祿馬喜相過。三奇諸德能降煞。吉制凶神發福多。

三句俱指擇日而言。以貴人能制煞。

二位尊星宜值日。

是指北極第二位之帝星。其詳考列下。非另有尊星也。俗本多以帝星對宮爲尊星。此說恐不實。

一氣堆干爲第一。拱祿拱貴喜到山。飛馬臨方爲愈吉。三元合格最爲上。四柱喜見財官旺。用支不可有損傷。取干最宜逢健旺。生旺德合喜相逢。須避剋破與刑沖。吉星有氣小成大。惡曜休囚不作凶。

已上俱詳言擇日造葬。以山運化命。元運。與造葬之四柱。吉日。不相沖犯。方爲上吉也。

山家造命既合局。更有金水二星來相逐。太陽照處自光輝。周天度數看躔伏。

此言天星恰與山運日主合坐向。

六個太陽三個緊。

六個太陽者何。太極有太陽太陰之分。此一太陽也。八卦以乾兌爲太陽。巽坎爲少陽。此一太陽也。七政以未爲太陰。午爲太陽。此又一太陽也。納甲以離爲太陽。坎爲太陰。此又一太陽也。星體有太陰太陽之分。此又一太陽也。星度有太陽到向到坐。此乃眞太陽也。六個太陽之中。以眞太陽。與星體。太極三個太陽最爲緊要。故特此發明之。崇正闢謬。有七個太陽之說。未得確論。故再考之耳。

中間歷數第一親。前後照臨扶山脉。不可坐下干支缺。

此言歷數者。卽山運造葬之歷數耳。恐後人悞解。故覆述詳言之。

更得玉兎照坐處。

此言玉兎者。是指太陰也。如得太陽到向。太陰到坐。誠上吉課也。

能使生人沾福澤。既解天機字字金。精微選擇可追尋。不然背理庸士術。執著浮文枉用心。字字如金眞可誇。會使天機錦上花。不得眞龍得日月。也應富貴旺人家。

楊公恐後人忽畧。故再贅一筆。使後之人留心會意。其苦心致此。

又歌

方方位位殺神臨。避得山過向又侵。只有山家自旺處。天機妙訣好留心。支如不合干中取。迎福消凶旺處尋。任是羅睺陰府殺。也須藏伏九泉陰。

尊帝二星考

造命歌以帝星當六甲爲四要之一故不得不細爲考訂選擇宗鏡則以上元甲子起乾六中元甲子起坎一下元甲子復起乾六百八十年而三元之數已盡八卦之數由乾六而七八九一二三四作一週共計二十二週零四數恰合一百八十之數而盡於九紫離宜乎選擇求眞謂其再於上元甲子不能復起於乾矣協紀亦不敢辯曰甲子起乾次坎而已崇正闢謬曰二

位尊帝星必非無稽之尊帝星也但未知其何指耳考楊公塟課庚山甲向用己未年辛未月己未日辛未時課曰未年未月未時下未日有聲價二位尊星入正宮有福自然逼詳查此課照甲子起乾例年月日時皆不合尊帝只六月有天月二德到甲己年己日皆甲與己合或指此乎求眞又以爲非疑必指太陰太陽爲尊帝二星也七政以午爲太陽未爲太陰六月太陰在未太陽在午是日月歸垣又庚山貴人在未

太陽掌貴元已歲祿在午太陽掌祿元必指此
無疑矣不然曷不云到震到兑宜值日乎沉疑
皆未的當也若照求眞此課并無午字焉得謂
之歸垣若六月用午未謂之歸垣則不論何坐
向俱謂之歸垣可也何必以庚山甲向爲哉若
謂天月二德爲尊帝何不曰天月二德宜值日
其訣曰四要帝星當六甲尋謂必指北極第二
位之帝星也至尊莫如北極之帝星實一帝星
耳非復有尊星謂尊帝二星其謬解矣查經星

通誌及天文大成經星彙考均無曾星之名步天歌曰紫微垣位應庭闈北極聯珠五座依二是帝星光赫赫一為太子亦光輝二位者實指北極之第二粒帝星耳查楊筠松係南唐時人南唐國祚共二十四年自南唐元年計至本年癸未歲共歷九百五十一年照歲差五十二秒推算扣清奇零數實自楊公至今星度已差一十三度一十八分零八秒現時冬至之日帝星居黃度午宮一十一度三十九分四十八秒扣

實南唐時冬至帝星則在未宫二十八度廿一分四十秒。是年實帝星在未宫。又扣至未月未時。帝星恰到甲方。故用未年未月未時。即爲帝星到向。至於未日。難考其月朔。并不知楊公里居地平高低出極度數。不敢强辨。以此觀之。必指北極第二位之帝星無疑矣。又乾坤法竅。并以戌乾亥起甲子。恐更謬矣。特分兩表。均立於下。以備高明考訂。

北極帝星表

帝星每年行度移宫。照黄道推算，實每年行十一宫二十九度五十九分零八秒。合共伸其秒數，則每年行度。計得一百二十九萬五千九百四十八秒。故必要將日行晷度。比例詳明，方能知其移宫度數也。雖已於第五卷星經撮要之首篇。立明算法。似無容贅解於此。恐後之用此表者。誤爲板規。不深究其原。故特詳贅於此耳。

太陽照日時推算。每年行五十二萬五千九

百五十分。至宮度。月。日。時。刻。分數。詳載萬年歷法。

帝星移宮。每年行一百二十九萬五千九百四十八秒。

照推得太陽行一分。帝星移宮一秒四六四零一三六。歷久不異。照推可也。

每年俱由冬至交節時刻算起。二十四氣亦由冬至起算。茲照癸未冬至移至甲申冬至立表於右。

照交節時刻分　帝星宮位　太陽節氣移度　帝星節氣移度

帝星方位宮度　宮　度　分　秒　十萬千百十分　百十度十分十秒

癸未冬至	午	午一一三九四八		
小寒	丁	未二七一〇〇五	〇二一一七八	〇一四二九四三
大寒	未	未二二三九三六	〇四二三七三	〇二九〇〇二二
甲申立春	坤	申二八〇七三五	〇六三六〇九	〇四三三二一三
雨水	申	申一三二九三三	〇八四九八七	〇五八一〇一五
驚蟄	庚	酉二八四五五〇	一〇六四九九	〇七二五三五八
春分	酉	酉一三五六〇一	一二八一七六	〇八七四三四七
清明	辛	戌二八五八〇五	一五〇〇四一	一〇二四一四三
穀雨	戌	戌一三五二一三	一七二〇九九	一一七四七三五

帝星方位宫度	宫	度分秒	十萬千百十分	百十度十分十秒
立夏	乾	亥二八三八五一	一九四三四〇	一三三〇〇五七
小滿	亥	亥一三一二五三	二一六八八八	一四八二六五五
芒種	壬	子二七五三三七	二三九二七七	一六三四六二一
夏至	子	子一二二四二七	二六一八九五	一七九一五三一
小暑	癸	丑二六五四〇五	二八四五五三	一九四四五四三
大暑	丑	丑一一二四〇六	三〇七一九九	二二一〇一五四二
立秋	艮	寅二五五六四五	三二九七八〇	二三五四三〇三
處暑	寅	寅一〇三三五七	三五二二五一	二四一〇五五一

帝星方位宮度	宮 度 分 秒	十萬千百十分	百十度十分十秒
白露 甲	卯一五一七二三	三七四五七四	二五六二三二五
秋分 卯	卯一〇〇七四二	三九六七二一	二七一三二〇六
寒露 乙	辰二五〇六〇四	四一八六七六	一八六三三四四
霜降 辰	辰一〇一二三三	四四〇四三八	三〇一二七二五
立冬 巽	巳二五二六一四	四六二〇一六	三一六一三三四
小雪 巳	巳一〇四六二八	四八三四三九	三三〇五三二一
大雪 丙	午二六一一五一	五〇四七三六	三四五二七五七
甲申冬至 午	午一一四〇四〇	五二五九五〇	三五九五九〇八

每年歲差五十二秒。如遞年乙酉冬至。照除。則帝星在午宮二十一度四十一分三十二秒。各節氣移宮俱倣此推。至於分秒度數之例。幷二十四山宮度。詳載星經撮要編首。如午宮一度至七度半。則在丁。午宮廿一度至卅度則在丙。照此考之。便知乾坤法竅之謬也。姑照立表於下。

乾坤法竅謬立尊帝二星表

尊帝二星 冬至後六十日到山向上下元定局

戌乾亥六	甲子	壬申	庚辰	戊子	丙申	甲辰	壬子	庚申
庚酉辛七	乙丑	癸酉	辛巳	己丑	丁酉	乙巳	癸丑	辛酉
丑艮寅八	丙寅	甲戌	壬午	庚寅	戊戌	丙午	甲寅	壬戌
丙午丁九	丁卯	乙亥	癸未	辛卯	己亥	丁未	乙卯	癸亥
壬子癸一	戊辰	丙子	甲申	壬辰	庚子	戊申	丙辰	
未坤申二	己巳	丁丑	乙酉	癸巳	辛丑	己酉	丁巳	
甲卯乙三	庚午	戊寅	丙戌	甲午	壬寅	庚戌	戊午	

辰巽巳四 辛未 己卯 丁亥 乙未 癸卯 辛亥 己未

尊帝二星 夏至後六十日到 山向中元定局

壬子癸一 甲子 壬申 庚辰 戊子 丙申 甲辰 壬子 庚申

未坤申二 乙丑 癸酉 辛巳 己丑 丁酉 乙巳 癸丑 辛酉

甲卯乙三 丙寅 甲戌 壬午 庚寅 戊戌 丙午 甲寅 壬戌

辰巽巳四 丁卯 乙亥 癸未 辛卯 己亥 丁未 乙卯 癸亥

戌乾亥六 戊辰 丙子 甲申 壬辰 庚子 戊申 丙辰

庚酉辛七 己巳 丁丑 乙酉 癸巳 辛丑 己酉 丁巳

丑艮寅八 庚午 戊寅 丙戌 甲午 壬寅 庚戌 戊午

丙午 丁丸 辛未 己卯 丁亥 乙未 癸卯 辛亥 己未

尙有帝星值時之謬表無贅立也

理氣溯

卷四

羅經同宮考

同宮之說。有以二字同宮。有以三字同宮。有以六字同宮者。世人總不考其原。遂至互相駁論。又有以子癸同宮。又有以癸丑同宮者。若不伸而明之。眞令後後之學者無所適從矣。三字同者是同後天八卦之八宮。如戌乾亥同乾宮。壬子癸同坎宮之類。此三字同宮之謂也。二字同者原週天之數。只十二宮耳。而羅經則分二十四向。照太陽及各星行度。俱以艮中正線之邊爲丑宮初度逆數至丑中正線為丑宮十五度。至癸中正線之邊。為丑宮卅度又右邊為子宮初度。逆數至子宮正線。為子宮十五度。逆數至壬宮正線之邊。為子宮三十度。故壬之左。則為壬子同宮。癸之右。則為子癸同宮。癸之左。則為癸丑同宮耳。時師不知其原。執一知半解。互相執拗。豈不令知者發笑耶。至六字全宮之說。遍查諸書。未有發明其旨。不敢妄詆其非。姑存其說以俟後之高明再訂可也。

東西父母三般卦考

案八卦之始，有先天後天之分，此乃用卦之祖，無容贅考。而天玉經有東西父母三般卦之訣，後人罕通其說，乃不考其原，遂爲附會，以誤世，故特將考原之理申明于此，以待高明再訂。父母卦者，此指變卦大遊年小遊年之一種而言。變卦之法，以天定卦爲定位，再以天父卦地母卦，而隨其變，餘皆倣而行之，故曰父母卦云。又東卦者，指納甲之一種，西卦者，指納音之一種。

納甲之説。考蠡海集云。此卦從大衍之數而來。自甲爲一至壬爲九。陽數之始也。乙爲二至癸爲十。陰數之終也。考其圖是乾納甲。坤納乙。甲乙爲東位。日月初升之方。萬物始生之地。故名之曰東卦。西卦者。指納音之一種。納音之説。考原曰。六十甲子納音。鮮原其意。盖六十律旋相爲宫法也。凡氣始于東方而右行。音起於西方而左行。陰陽相錯而生變化。考其納音所應先後天圖。謂退艮坤以居終焉。此納音所本於後天之序云蠡海集又曰萬物之所以生者必中氣氣者何曰金也金受氣于西方順行則爲五行之體逆行則爲五行之用故名之曰酉卦三般卦之分皆祖于此欲明其奥可再于納音納甲考原之卷觀之後之人不明其原有用納甲之屬而分爲東西四卦者已經有碍正理更有謬者又用四卦分爲三卦有用八卦分爲三卦紛紛其説實難强辨皆因前哲故作隱奥之詞使人迷離不得其指要方技家皆然也故沉再

將天玉經補而注之。國朝譚清奇作天玉經註疑所謂江東者。卽天卦。江西者卽地卦。所謂南北卽父母卦。紀的日。大抵以甲丙庚壬四陽干左旋起長生者爲東卦。陽數奇故曰天卦。又曰八神四一。以乙丁辛癸四陰干右旋起長生爲西卦。陰數偶。故曰地卦。又曰八神四二。又以山家之坐向爲南北一卦。由天地而及人。故曰父母卦。云云照此覆合前說而逼之。亦無相背也。

三合四局考

堪輿家不考三合四局之原，只解曰五行者是五行之質，三合者是五行之氣，徒以大略言之，而不知三合四局之中，具有精義存焉。何以亥卯未合木，何以乾甲丁亦屬木，而不知非亥卯未不能成木局。消長之機，卯之爲木也，正得亥水以生之，復得未土而後成之，然後木始得生生不已之義。或曰：何以用卯而不用寅，而不知寅在三陽之初，木雖生而未成器，卯得春分之中氣。不得不合而成局焉。乾甲丁之木局也。是將變而生火之局也。考原曰。甲乙者。言萬物剖符甲而出。乾也者。乾納甲。況甲木得乾天之氣。其局已成。是故合乎丁。而將生夫火矣。若其附于寅午戌之邊。則轉成火局。所以同宮之說。乾附戌。則爲乾戌同宮。附于亥。則爲乾亥同宮耳。餘同此推。申子辰之成水局也。子水生于申金。非辰庫不足以住之。申得坤之氣而生坎位之水。是故陰陽五行說曰。水出于地。又何疑焉。坤爲地。凡天下之水。俱附于地以行。水之出地。其義亦同耳。當知坤壬乙之水局。亦將生木之義耳。己酉丑之成金局也。金之生於土。與木火水之不同。其義生於土而成於石。故皇極經世言石而不言土。艮爲少陽之石。丑附于少陽之卦。是故酉金生于己而成于丑。而金局遂成。巽庚癸之爲金局也。庚金生于陰土之中。而未成其器。故得巽癸而成焉。周易折中曰。巽爲白。又曰巽卽乾也。以其一陰下生而爲巽。是故知其成于少陰之中。木能生金。而人不知其義。試於種植芥蘭之地。多年取土。甑之。可成鉛塊。此木土生金之驗也。經又曰。金堅愛水之相涵。是以金局成于此。若附于申子辰。則又作水局論。寅午戌之爲火局也。午是太陽之火。非土不能以取之。何也。卽今之聚光鏡。取火於日光中之義耳。又非木不能以燃之。是故寅午戌之火局成焉。艮丙辛之爲火局也。艮爲山。爲少陽。辛金得秋光之明氣。而能生火。卽如世所用取火之器。以鉄擊石而成之義何曰不然若附于己酉丑而反作金論者。譬諸世人以土煉之。而得鉛銅鉄錫之類是也。若不明其三合而成四局之原。又焉能明其生尅制化而趨吉避凶者哉。易曰。引而伸之。觸類而長之。天下之能事畢矣。

五行通變論

理氣之要。首在五行。而五行之用。重在生尅。生尅之奧。在夫制化。苟非探其原明其理。執一知半解以惑人者。實自欺耳。每聞近日之自稱堪輿家者。曰遵某先師秘授。用某五行。用某卦例。而不知凡命之曰。某五行自有精義存焉。豈曰正五行。與三合五行。納音五行。八卦五行。種種各立門戶乎。而不知五行之性。變通萬狀。加一字卽變其本性。加兩字又卽變其五行。卽如天干甲本屬木加巳字則化而爲土去巳字加子則變而爲金去子字加乾丁轉成木局若再加多寅午戌中之一字又變爲火局此千變萬化之理豈能守一某五行而决天下人間之禍福者哉姑妄將合局之理譬諸格物之理而畧言之先哲云用三合以補龍補之有力是何所見而云然卽亥卯未之爲木局而言之卯是木之性亥是木而兼水之性未是土而兼火木之性故亥中有壬甲木也未中有乙己丁也卯中獨

乙木耳。譬如火藥炭。是木之變也。其性象卯。硝是木之餘液。即草灰餘液入地爲濕所發。質之化而爲硝。其性象亥。磺是土中之一等有木質者。更兼帶火之氣者。其性象未。合三味而鎔會之。變其性而盡化爲木。豈不是更勝于原質之木乎。即所謂三合成局之有力也。若果加子丑兩字。引之爲北方秀氣。其木局又反遜矣。子性屬水。丑性屬土。是分其木力。即火藥加鹽之義耳。若加庚以束之。其性反有權。即身旺用官之義言理氣者可不察乎是故不拘何等五行均皆要用但看有何等字樣即用何等五行不能强者也考協紀辨方制煞之論曰用三合以三合制用化氣以化氣制正五行以正五行制實爲的論神而明之存乎其人可矣又據謂吳景鸞進呈表有謂天機秘書所論五行有六正五行取遁龍運看其生尅旺洩以斷吉凶只論泊宮不論納音受尅洪範五行取遁山運納音所屬山運尅造命課吉造命課尅山運凶造命生

山運吉。山運生造命凶。比和吉。尅山有制化亦可用。八卦五行。取遁向運納音所屬。忌課冲尅。山向難以兩全。究要山爲主。向勿論可也。玄空五行取遁水運。納音所屬。忌選課冲尅。如乙丑運。忌辛未年。月。日。時之類。雙山五行。取論三合。不論遁運。火山用寅午戌火局之類。補山補龍用之最要。云。渾天五行。取論卦例。不論遁運。如乾兑弍卦。管六山屬金。則用金課以補之之類。此渾天五行。砮與雙山五行正五行用補龍之法。似有不合。亦姑存其說可也。

八宫三吉六秀八贵十二吉山发明

坤宫以艮为贪狠巽为巨门兑为武曲兑纳丁巳丑巽纳辛艮纳丙

乾宫以兑为贪狠震为巨门艮为武曲兑纳丁巳丑震纳庚亥未艮纳丙

兑宫以乾为贪狠离为巨门坤为武曲乾纳甲坤纳乙离纳壬寅戌

巽宫以坎为贪狠坤为巨门离为武曲坎纳癸申辰坤纳乙离纳壬寅戌

坎宮以巽爲貪狼。艮爲巨門。震爲武曲。巽納辛

震納庚亥未艮納丙

震宮以離爲貪狼。乾爲巨門。坎爲武曲離納壬

寅戌。乾納甲。坎納癸申辰。

艮宮以坤爲貪狼坎爲巨門乾爲武曲坤納乙

坎納癸申辰乾納甲

離宮以震爲貪狼。兌爲巨門。巽爲武曲。震納庚

亥未。兌納丁巳丑。巽納辛。

坤壬乙起例考

案青囊奥語有曰坤壬乙巨門從頭出艮丙辛位位是破軍巽辰亥盡是武曲位甲癸申貪狼一路行後人罕通其起例蔣平階註曰挨星五行即九星五行也貪巨祿文廉武破輔弼一一挨去故曰挨星云云而非必以貪巨武爲三吉其意仍用五行生尅爲主其中秘而不洩又曰坤壬乙非盡巨門而與巨門爲一例云云又恐後人誤作坤壬乙與申子辰同宮指爲作三合

水局之謬其起例又引而不發更又恐誤以長生爲貪狼臨官爲巨門爲謬而後范宜賓謬作挨星圖圖中父母天卦右陰地卦左陽人卦徐迪惠非之爲死板局而遵胡太鶴地理辨正圖說并非蔣氏爲誤解天玉經也已將其圖列入考原卷中以俟訂正而辨正疏潘斗齋又作四圖以卦釋之　沅謂皆非作者之本意不過前哲作此四句以示九星翻卦之比例耳況蔣公有曰非盡貪狼而以貪狼爲一例其意已解之矣

故特將此四句分釋明之，以待高明再訂云。再紀大奎，地理末學，則以坤壬乙文曲從頭出，正犯申子辰同宫之弊，况四庫提要，亦曰巨門從頭出。故依此説爲正。

坤壬乙　巽以坤爲巨門　乾以震爲巨門

（壬屬坎卦 乙屬震卦）　艮以坎爲巨門

艮丙辛　巽以艮爲破軍　乾以離爲破軍

（丙屬離卦 辛屬兌卦）　震以兌爲破軍

巽辰亥　離以巽爲武曲　辰以巽爲武曲

（辰屬巽卦 亥屬乾卦）　艮以乾爲武曲

甲癸申　離以震爲貪狼　巽以坎爲貪狼

（甲屬震癸屬坎申屬坤卦）　艮以坤爲貪狼

特立此訣以爲比例耳故曰以貪狼爲一例

地理元文辨正圖

此圖有用之者有闢之者乍看破軍巨門例似甚的但照此例通盆推算則皆不合試細考之不攻自破矣

理氣續編

聖賢言理不言數。言理而數已在焉。術士言數不言理。言數而理亦寓焉。故程子曰。爲于理有未窮。故其知有不盡也。予歷觀數學星學之書。凡二百五十五卷。地理之書凡三百三十五卷。選擇之書。九十一卷。雖各發其理。各推其數。然或有似是而實非者。或實有之理。而又以爲非者。何也。考其原。亦俱由河洛太極之所生也。蓋陰陽八卦消長之機。均皆出于太極之始。五行生尅制化。亦皆出于河洛之宗。何以各立門戶。互相攻擊乎。而不知陰陽五行爲活動之物。焉能以一定之數。而謂爲不能少移者哉。不過舉其理之所有。以爲之程式。用之者亦神而明之。存乎其人耳。譬如每年之四序寒暑。是一定之大局矣而有年或暑多寒少。又焉可爲之板規乎。此寒暑是其常。多少是其變也。故必于變中而考其常者。方稱爲數學之士。即如張眞人有楹聯云。夏至有風三伏暑。重陽無雨一冬晴。豈非將其變而考其常乎。今之說理氣者。每說到不能解之處則必以不敢漏洩天機爲之藏拙。噫。前哲尚不能盡舉一定之理以規後學。故曰理有未窮。大約說理氣者。舉爾所知便合。孔聖曰。爾所不知。人其舍諸。况羅經之學。卽舉四庫而言。只羅經頂門鍼二卷。是明徐之鏌撰。又羅經消納正宗二卷。明沈昇撰。頂門鍼則專論指南鍼法。謂當時堪輿家之制。僅主二十四向。而畧先天十二支之位爲非。消納正宗。上卷用七十二龍。納音五行。以斷消納得氣。消納失氣。下卷則分六十龍。參取星度。三百六十五及三奇。八門。官貴祿馬形傷尅殺。提要謂自來論羅經者。二家。一主八卦九宫。所謂氣從八方是也。一主十二地支。一支五千。重而爲六十。名曰胎骨六十龍。又名透地六十龍。以之定格來龍入首。於兩支接縫閒。空去癸甲壬乙之界。成七十二名曰穿山七十二龍。以之立向。而皆取納音五行。因六十納音起於金。故曰分金。至今亦遵之。四庫提要駁之曰。如以六十爲得。則空其十二支接縫。以成七十二者非矣。如以七十二爲得。則干支强排。以成六十者非矣。況言六十龍有二。一則甲子起壬初。從卦不從支。而爲平分六十龍。一則甲子起壬之半。從支不從卦。而爲透地六十龍。説愈歧而愈謬。徒足滋惑而已。以此觀之。故予之管見。亦姑存其説云。

附刻戲棋楹聯

數本難知曠觀七政四餘排六甲以積三元二氣陰陽微現於八卦五行隱伏一始九終南北東西錯綜中天成十道

理原有定歷驗兩間萬物迄百年而經屢世半分凶吉上應乎恒星衆曜無非雙離單合木金水火出諸土地育群生

先後天六十四卦體用備要

按圖考先天八卦體也後天八卦用也而近日所用羅經說卦者不分體用或用九星而不分先後天也或用辟卦亦不分先後天也又何能造福于世哉豈知先天六十四卦可用之于九星體也後天六十四卦九星之外仍以三百八十四爻之五行論生尅方為體用兼備設如乾宮先天八卦乾夬大有大壯小畜需大畜泰大遊年則為輔弼貪狼破軍廉貞祿存文曲巨門

武曲。小遊年則爲輔弼。貪狼。破軍。巨門。廉貞。文曲。武曲。祿存也。故以一二三四五六七八而作暗碼。而記遊年之序也。如後天八卦之乾宮。則乾。履。同人。无妄。姤。訟。遯。否。大遊年則爲輔弼。貪狼。破軍。廉貞。祿存。文曲。巨門。武曲。小遊年則爲輔弼。貪狼。破軍。巨門。廉貞。文曲。武曲。祿存也。亦以暗碼記之。其乾之六爻。是戌。申。午。辰。寅。子。照暗碼則以十九七五三一記之。俾易寫于羅經至論其五行生尅。以爲之用。方不背於義也。茲不嫌贅復立表于下。以備查覽云。

後天八宮卦爻所納

乾宮

戌申午辰寅子

戌申午丑卯巳

乾卦甲子
外壬午

八乾為天

一天澤履

上文午〤川丨
戌申午亥丑卯

上夕亠川乂丄
戌申午辰寅子

七天火同人

二天雷无妄

上文亠上川乂
戌申午酉亥丑

上文亠〤川丨
戌申午午辰寅

五天風姤

四天水訟

上文亠十上川
戌申午申午辰

上文亠亠〤川
戌申午卯巳未

六天山遯

三天地否

上文亠文亠〤

上文亠乂上亖

坎宮

坎卦戊寅
外戊申

四水天需 ䷄

子戌申辰寅子

丨卜夂ㄠ〣丨

子戌申亥丑卯

三水火既濟 ䷾

丨卜夂〦〢〤

子戌申酉亥丑

一水風井 ䷯

丨卜文十〦〢

子戌申申午辰

二水山蹇 ䷦

丨卜文文亠ㄠ

五水澤節 ䷻

子戌申丑卯巳

丨卜文〢〤丄

子戌申辰寅子

六水雷屯 ䷂

丨卜文ㄠ〣丨

子戌申午辰寅

八坎爲水 ䷜

丨卜六亠ㄠ〣

子戌申卯巳未

七水地比 ䷇

丨卜文〤亠亖

艮宮

艮卦丙辰
外丙戌

寅子戌卯巳未　寅子戌申午辰

一山地剝　八艮爲山

川丨卜乂十三　川丨卜文十8

寅子戌午辰寅　寅子戌酉亥丑

二山水蒙　七山風蠱

川丨卜十8川　川丨卜十ㄴ川

寅子戌辰寅子　寅子戌亥丑卯

四山雷頤　五山火賁

川丨卜8川丨　川丨卜ㄴ川乂

寅子戌丑卯巳　寅子戌辰寅子

三山澤損　六山天大畜

川丨卜川乂十　川丨卜8川丨

震宮

震卦庚子 小庚午

五雷地豫 ䷏ 戌申午卯巳未 上爻〦〤〦〧 戌申午午辰寅

四雷山小過 ䷽ 戌申午申午辰 上爻〦爻〦〥 戌申午酉亥丑

六雷水解 ䷧ 上爻〦〦〥〣 戌申午辰寅子

三雷風恒 ䷟ 上爻〦十〧〢 戌申午亥丑卯

八震爲雷 ䷲ 上爻〦〥〣〡 戌申午丑卯巳

一雷火豐 ䷶ 上爻〦〧〢〤 戌申午辰寅子

七雷澤歸妹 ䷵ 上爻〦〢〤〦

二雷天大壯 ䷡ 上爻〦〥〣〡

巽宮

巽卦辛丑外辛未

卯巳未卯巳亥

二風地觀 ☴☷

乄⊥亖乄⊥亖

卯巳未午辰寅

一風水渙 ☴☵

乄⊥亖亠ㄠ川

卯巳未辰寅子

三風雷益 ☴☳

乄⊥亖ㄠ川丨

卯巳未丑卯巳

四風澤中孚 ☴☱

乄⊥亖刂乄⊥

卯巳未申午辰

七風山漸 ☴☶

乄⊥亖文亠ㄠ

卯巳未酉亥丑

八巽爲風 ☴☴

乄⊥亖十ㄝ川

卯巳未亥丑卯

六風火家人 ☴☲

乄⊥亖ㄝ刂乄

卯巳未辰寅子

五風天小畜 ☴☰

乄⊥亖ㄠ川丨

離宮

離卦己卯
外己酉

四 火地晉 ䷢
己未酉卯巳未
上三十〤上六

三 火水未濟 ䷿
己未酉午辰寅
上三十二〥〣

一 火雷噬嗑 ䷔
己未酉辰寅子
上三十〥〣〡

二 火澤睽 ䷥
己未酉丑卯巳
上三十〢〤上

五 火山旅 ䷷
己未酉申午辰
上三十文上〥

六 火風鼎 ䷱
己未酉酉亥丑
上三十十上〢

八 離為火 ䷝
己未酉亥丑卯
上三十上〢〤

七 火天大有 ䷍
己未酉辰寅子
上三十〥〣〡

坤宮

坤卦乙未
外癸丑

三地天泰 ䷊
酉亥丑辰寅子
十上〢〥〣〡
酉亥丑亥丑卯

四地火明夷 ䷣
十上〢上〢〤
酉亥丑酉亥丑

二地風升 ䷭
十上〢十上〢
酉亥丑申午辰

一地山謙 ䷎
十上〢文〦〥

六地澤臨 ䷒
酉亥丑丑卯巳
十上〢〤丄
酉亥丑辰寅子

五地雷復 ䷗
十上〢〥〣〡
酉亥丑午辰寅

七地水師 ䷆
十上〢〦〥〣
酉亥丑卯巳未

八坤爲地 ䷁
十上〢〤丄〦

兌宮

兌卦丁巳
外丁亥

未酉亥辰寅子

一 澤天夬 ䷪ 三十匕〥〣〡

未酉亥亥丑卯

二 澤火革 ䷰ 三十匕匕〢〤

未酉亥酉亥丑

四 澤風大過 ䷛ 三十匕午匕〢

未酉亥申午辰

三 澤山咸 ䷞ 三十匕文亠〥

未酉亥丑卯巳

八 兌為澤 ䷹ 三十匕〢〤亠

未酉亥辰寅子

七 澤雷隨 ䷐ 三十匕〥〣〡

未酉亥午辰寅

五 澤水困 ䷮ 三十匕亠〥〣

未酉亥卯巳未

六 澤地萃 ䷬ 三十匕〤亠亖

八宫所納十二支雖非盡遵此線爲的但通盆化合仍不可使其線度尅洩方爲全美不然先哲何多用此一說也同道中量亦以爲然

種原的論

天地萬物。必先論其種。其種佳。則所生之物亦佳。故論龍先觀龍之貴賤。經云富貴出在龍身上是也。龍佳而結穴必佳此先天之理也。次觀其傍砂護衛。水法如何。用甦向以培之。此後天之理也。即如果木。其種佳則其所生之果必佳。此先天之理也。倘果之種不甚佳。則補之以人事。或移其佳種以接之。或培植以養之。此後天之理也。若其種酸苦難堪。更不加以培養。即所植之地豐肥果雖多終不美也即如好龍好穴所葬人必先問所葬之人平生善惡如何斯人善將來所發之人必善即如果木之有種也此先天之理也若斯人心地平常後之兒孫必要多行善事以補之然後該山所發之人而後善不然雖發出功名富貴終不全美先哲云禍不能敗福從而敗之穴吉而所葬之人不善必如斯之道也朱子有論小族而謀得大族之山窠斷曰此地不發是無地理此地若發是無天理

此類是也

技學後論

術技之門有六。曰醫。曰相。曰命。曰卜。曰星學。曰地學。六者之外。如奇門。遁甲。符録。法咒等術。雖以枚舉。亦俱由陰陽五行而遞衍之耳。六者之內。門路太繁者。莫若地理。醫學只用陰陽正五行。不外扶補散洩而已。相法則以形氣而參諸五行。有形者則爲陽局。無形者則爲陰局。專論氣運以定人之吉凶。命書亦耑以天干地支用正五行而推生尅。決以六親而觀旺弱。餘外或用三合五局天干化氣地支六合而推衍之如是則吉如是則凶其餘神煞起例尚不及選擇之半至如卜筮之術亦以八卦五行爲體而參以天干地支正五行再觀其生尅應變以占其吉凶也星學則仰觀天文以算術而測其星度轉移推其變以驗其吉凶此五者之大畧也爲地學之術說理氣者幾與五者互相參用巒頭形勢與相法何異扶山洩煞與醫士同途造命選擇與命理同用卦曜生尅與卜筮類推弔合

天星與星學同算。況夫用五行者。非只一端。用卦例者。非比一體。更有吉凶神例。八節三奇。弔替飛宫。行門放水。納氣納局。修向修方。苟非探其原何以辨眞僞。故將諸書條例逐層録之。只問其理之可通者。故必存之。卽在兩歧者。亦帶録之。以俟考訂。

理氣溯 卷四 之

紀曉嵐隔四位而起父母排考

身 子孫 妻財 官鬼 父母 身 子孫 妻財 官鬼 父母

身甲丙戊庚壬乙丁己辛癸　身

身 子孫 妻財 官鬼 父母 身 子孫 妻財 官鬼

子孫 丙戊庚壬甲丁己辛癸乙　子孫

身 子孫 妻財 官鬼 父母 身 子孫 妻財

妻財 戊庚壬甲丙己辛癸乙丁　妻財

身 子孫 妻財 官鬼 父母 身 子孫

官鬼 庚壬甲丙戊辛癸乙丁己　官鬼

身 子孫 妻財 官鬼 父母

父母 壬甲丙戊庚癸乙丁己辛 父母

子孫 妻財 官鬼 父母 身

紀曉嵐先生曰隔四位而起父母者如甲丙戊庚壬乙丁巳辛癸之謂而仍未有詳解如何隔四位也雖未有明白詳解以理而論甲則隔壬四位也甲屬木壬屬水五行生尅水生木也火珠林卜卦子平命理皆曰生我者爲父母尅我者爲官鬼我尅者爲妻財我生者爲子孫順數丙隔甲亦四位戊隔丙亦四位庚隔戊亦四位壬隔庚亦四位乙丁巳辛癸亦照此推故曰位位一父母耳時師不明其訣謬謂之挨星或又

以變卦大小遊年強爲之說故特將十天干橫直排列。使閱者一目了然。免爲術家之悞耳。

論水法考

論水法者，諸書均有見解。然未有會指所宗。每每引楊筠松論曰：水遶之玄莫問蹤爲訂。似于水法不拘泥也。而究實無所爲主，卽論諸家水法，亦實難斷其誰是誰非。一是主山不定。一是支干取舍不同。一是生尅出入吉凶所取不同。一是二十四位所屬陰陽不同。一是先天後天辟卦定位左右陰陽定位不同。一是五音與納音納甲不同。一是諸家二十四位所屬五行無定。一是星度所屬五行不同。一是生旺衰病所起不同。一是倒左倒右于理難據。一是九星五星水法不同。一是步數白星不同。一是起祿馬貴人各家不同。一是正針縫針論水不同。雖各具名義。有以向論消水。有以坐論納水。有以來龍論合水。有以落頭論放水。此主山不定也。有以支干分大中小神。謂宜小神流入中大神。不宜大神流入中小神。有以大小神俱要合祿馬。先用各神。次及干維。有三折內不用支神。三折外不拘。有尊用干維。又全不用支神。有取九星貪巨武爲吉。不論支干。有尊僻九星不用此支干取舍之不同也。有以剋出爲吉。剋入爲凶。有以剋出爲凶。剋入爲吉。有以生入爲吉。生出爲凶者。此生剋出入之不同也。有以淨陰淨陽論水者。有以眞陰眞陽論水者。有以棄七陰陽論水者。此陰陽所屬之不同也。有以正五行論水者。有以洪範五行論水者。有以玄空五行論水者。有以八卦五行論水者。此五行所用之不同也有以宿度論水者。其度數之所屬。或金或木或水或火或土。天機素書與叢珠瀛海各論不一。此宿度吉凶之不同也。有以來要生旺。去要休囚。其生旺之説。或以三合起長生。或以坐山起長生。或以向首起長生。或以正五行起首。或以玄空五行起。此生旺休囚之不同也。有以分左右水法。不能混亂。有以兼家分左右。陰陽來去不同。此左右陰陽之不同也。有以九星貪巨祿文廉武破輔弼。謂之三四。貪狼有以九星太陰。太陽。金水。天財紫炁。天罡燥火。掃蕩孤曜。謂之四凶五吉。有以青龍。白虎。朱雀。玄武。勾陳。螣蛇。謂之六神。有以貪巨武子父財官金水。謂之三吉六秀。而論水者。此九星五星之不同也。有以步數白星論水者。論白星有以一步管三年。有以一年管三步。此步數白星之不同也。有以祿馬貴人論水者。起祿馬有以本山起。有以向首起。有以亡命起。此祿馬貴人之不同也。有以子午正針論水者。有以子癸午丁中針論水者。

有以壬子丙午縫針論水者。此土圭南針之不同也。有以天父地母左右八宅論水者。有以六十四爻陰陽夫婦論水者。有以先天配卦。後天辟卦論水者。此卦曜之不同也。有以五音宮商角徵羽論水者。有以乾納甲壬坤納乙癸之類論水者。有以坎離爲後天之乾坤。故納壬癸論水者。有以甲子乙丑納海中金。隔八相生六十納音論水者。此五行納音之不同也。種種多門各持一見。信此則失彼。從甲則違乙。茫無定據。

噫我知之矣。凡立論者，均皆蓋世聰明之人，不過以己見，深心忖度，開發陰陽之理，得盡言之。故伊之所見如此，彼之所見又如此耳。豈眞有仙人口傳口授者耶。故某謬議，必以考原爲本，其次參以格物，便知五行之生尅制化，既明生尅制化，再採其理論之得中者，取其長而舍其短，取其近而去其僻，雖未敢云盡善，斷不致荒渺無稽，以致悞人悞己之大弊也。

辨定中宫考

下羅經之要。論坐向故要先定中宫。而後兼度方有準繩。然最要者。莫若修方。中宫不定。則修方之位。是何吉凶。豈能爲之選擇眞修乎。故要先定其中宫。中宫定。而後各方之隅有定。方隅有定。然後下羅經之處。方有堅持也。宗鏡曰。中宫下羅經中。宫定。而後方隅始定。如直進幾層者。必自山下第一層之後簷起量至大門之滴水簷止。共計幾丈。折半爲中宫。以定二十四字。

而方隅始確。協紀曰。通書有論層數者。如止有一層。則以棟柱之中爲中宮。若有前簷前深後淺。又以簷下爲中宮。如有二層。則以前簷之後。後簷之前。中間天井爲中宮。三層與一層同。四層與二層同。協紀謂此說似是而非。蓋層數有深淺。羅經之二十四字無伸縮也。謂近世多有以祖堂爲中宮更非。蓋古無是說也。羅經之字。如周圍二十四丈。則一字管一丈。如子山午向是卯酉當腰。若祖堂座在後墻。則卯酉前長後短矣無是理也協紀又曰定中宮之法論層數故未精論丈尺亦未甚確蓋方位以目之所見爲定如大門則以聽事爲中可也如廳後則以正寢爲中宮可也如墳塋則以祖穴爲中宮可也移步換形爲變所適要在相其形勢取其尊者爲主以臨四方庶義精而理得云謂陽趙氏曰下羅經之法有四外高屋以香火堂樑脊爲中家內六事以樑前第二架爲中行門以頂對前簷枋下羅經門樓則不同放水以天井三折

中下羅經。放外陽水不同。謂時師不明其義多在天井中下羅經。或在滴水中下羅經。蓋天井有横長濶窄之分。若天井横長。則挨上堦基天井邊下羅經云云。求眞又曰。修方則以香火堂爲中宫。必于神前第二架桁下羅經。住宅以大廳棟內第二桁爲中。寢室以床前第二桁爲中。愚謂此論修方之中宫也。論丈尺者。此八方之中宫也。論放水則要分三簷。或四便皆簷滴水。方有把握。行門必於門上開門。方能納氣。協紀所云移步換形。惟變所適。要在相其形勢。此確論也。

地理十八要

地理之難。其要有十八。一要識龍之來去送迎。不識龍之來去送迎。何以尋穴。二要識砂之貴賤護衛。不識砂之貴賤護衛。何以定穴。三要識穴之陰結陽結。不識穴之陰結陽結。何以承氣立向。四要識水之聚散往來。不識水之聚散往來。何以定穴納局。五要識峯巒方位。不識峯巒方位。何以辨穴之吉凶。六要識來脉之起伏到頭。不識來脉入首到頭。何以分體用補洩。七要明五行各訣。不明各種五行。何以趨吉避凶。八要知畫卦之原。不知畫卦之原。何以明先後天變卦體用。九要通卜筮易理。不通卜筮易理。何以知爻象生尅。十要明天星轉運。不明天星轉運。何以坐向趨承。十一要明測量算術。不明測量算術。何以知星運轉移。十二要曉太陽行度。過宮。不曉太陽行度。何以弔合線度。十三要明納音納甲。不明納音納甲。何以知龍運立穴生尅。十四要通命理制化。不通命理制化。何以選擇造命。十五要熟神煞起例。不熟神煞起例。何以制凶向吉。十六要明九星轉移。不明九星轉移。何以用飛宮弔替。十七要知大運小運。不知大運小運。何以修方扶補。十八要知長生有別。不知長生有別。何以補龍放水。十八要之外。尚有未盡者。故曰。生尅制化。用之要存乎其人耳。

理气溯源 卷四 二二

楊盆辨晰

按楊盆羅經竟有用至四十層者求其所以然之故不過將各条例盡列於羅經者以便查覽不至歸而求諸書說此術士藏拙之一道也而不知度數之分秒總在定南針以定其方向耳觀近用羅經之天池大不過數分之徑故實分秒難求即度數亦屬渺茫沅之平水羅經亦因此而特新製以利衆用考楊盆之始實無明文大約秦漢以上俱用十二支自漢晉以後始用

二十四向云云。至夫天地人三盆是誰人之剏始，亦自各執一說，故提要辨謬卷中已逐一考訂，無容再述。大約以訛傳訛，姑置之勿論也。考近用之盆，均以定南針藏於中，名曰天池。二層則列先天八卦方位，三層則列後天八卦，以定方隅，四層則列坐家九星，以便飛宮弔替。五層則分列地盆二十四正針，以定坐向一卦三山也。六層則列地母九星變卦，以照起例。七層則列玄空五行，謬以謂收水之用。九層則列洪範五行所以遁龍運也十層列二十四星垣謬以格龍之貴賤也十一層分布二十四氣以推五運六氣也十二層則列穿山七十二龍所以驗砂驗穴之用也十三層則列遁甲九宫謬以起遁卦之吉凶以驗禽星之吞陷也十五層謬列穿山本卦以推七十二龍之四吉三奇也十六層人盆中針所以格龍之用也十七層則列平分六十龍謬以爲消砂格龍之用十八層則列平分六十辟卦謬以補穿山透地之不及以驗

吉凶也。十九層則列禽星五行。謬以測峯巒之變換。得以撥砂之用也。二十層則列天盤縫針二十四篇。二十一層盈縮六十龍。二十二層則分列百二十分金。皆用以消砂納水者也。二十三層。謬將六十卦重而爲百二。配於分金之下。以驗砂水之吉凶消納。二十四層。則列正針之百二十分金。所以立向修方消納之用也。二十五層。謬列透地百二十內卦。以起三奇四吉子癸財宮之用。二十六層。則分三百六十度以明天星移宫度數。二十七層。則列二十八宿管度。以測恆星移度。二十八層。謬列渾天星度五行。以驗坐度之生尅。二十九層。分列三百六十五度太少。謬謂上合天運之流行。下通地理之山向。而以紅黑圈記其度數之吉凶差錯空亡之位。又以乂而記其關煞之類。其如二十八宿分野。七元管局。十二月辟卦。十二次舍。五運六氣等等。不勝之載。實用之者。卽有其術。而求之數分長之指南針。果能濟乎。其盆式無容贅繪想行

此道者。亦必知其盆式矣

蔣盤辨明

羅經之式有二。曰楊盤。曰蔣盤。蔣盤之式。俗傳謂　國朝蔣平階所製也。然其盤亦無甚異。但不用中針縫針。與七十二龍。六十龍。百二十分金連山歸藏卦。透地內卦。百二十辟卦等等。俱皆不用。只用十層。首一層爲正中放指南針者。爲天池。二層爲先天八卦。三層爲後天八卦。四層爲九星。五層爲二十四天星。六層爲正針二十四方位。七層爲挨星比例。八層爲十二宮之初名九層爲二十四氣穹度過限度。十層爲週天三百六十度。以別二十八宿所管度數。按此盆是否蔣氏所初製。實難考訂。然挨星一例必非蔣公所製無疑。考蔣氏地理辨正。并未說及如何起例。不過後之學者。忖度其意。妄議圖說以解耳。況所立圖說。互相攻駁。又無的論。實難繪列。其盆式市上所沽者畧同。欲考訂自當知矣。至起茆壬乙之例。可於考原卷查之。自能一目了然矣。

右旋盤與左旋盤比例圖

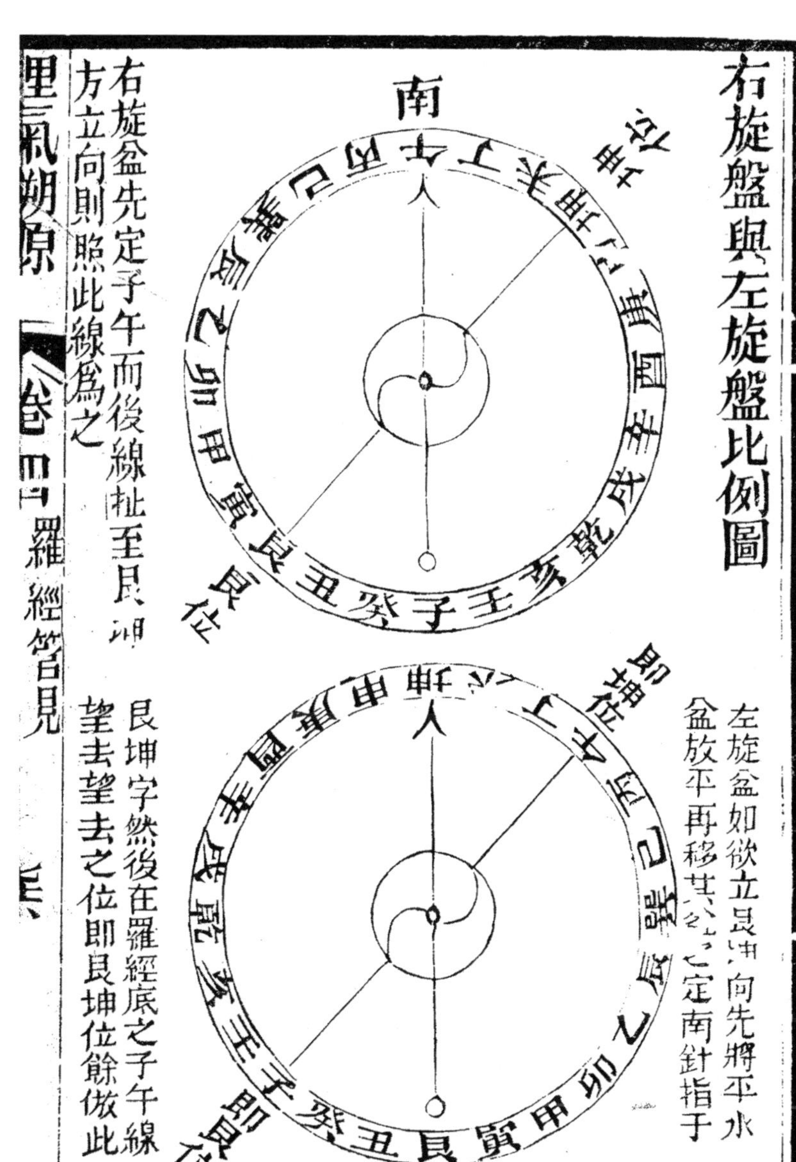

左旋盆如欲立艮坤向先將平水盆放平再移其□□已定南針指于

右旋盆先定子午而後線扯至艮坤方立向則照此線爲之

艮坤字然後在羅經底之子午線望去望去之位即艮坤位餘倣此

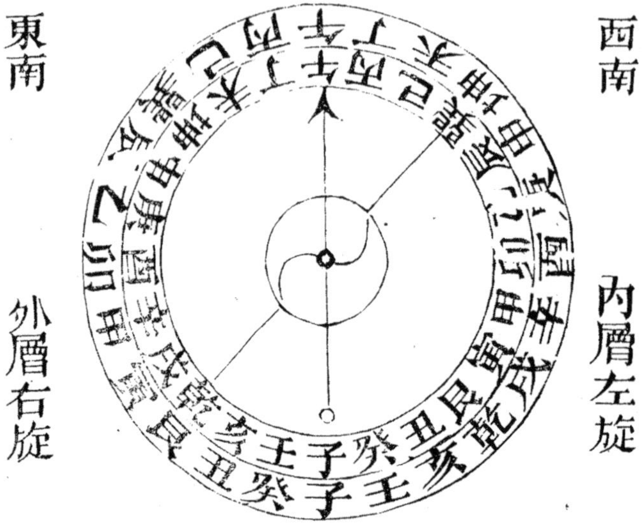

西南

東南

內層左旋

外層右旋

將左旋午位移于坤其指南針即指左旋盤之坤位矣餘倣此

左旋盆之用者，非另有秘要也，不過用右旋盆必先定準子午之位，使定南針不能少移，而後用線以格其方位也。因格線每每度數差錯者多，蓋因用線之時，或過風吹其線不定，此必差之理也。又牽線之時，絲線必大於羅盆之墨線，被其遮蓋，或有毫末之差，便成千里之謬，故難于準繩也。坐盆之時，或東西不平，或南北不平，則其絲線與羅經之線，或偶合，或偶有不合，故每每立線，[illegible]訶彼以此爲非，此又以彼為非也俗云[illegible]師九本經即此之悞耳沅之平水左旋羅經者是以人目而從羅經底之罅望去雖欲偏而不能雖有風而不動又無慮其絲線與盆線不對之弊故用左旋盆者亦是移宮易位之術使其線位不能少移耳假如欲立坤線即將其午中[illegible]線之罅權轉於坤中正線之方則其定南針便指坤中矣是將午易於位坤易午位耳所將所立兩盆之式細細思之便知其妙也

平水左旋盤羅經面圖式

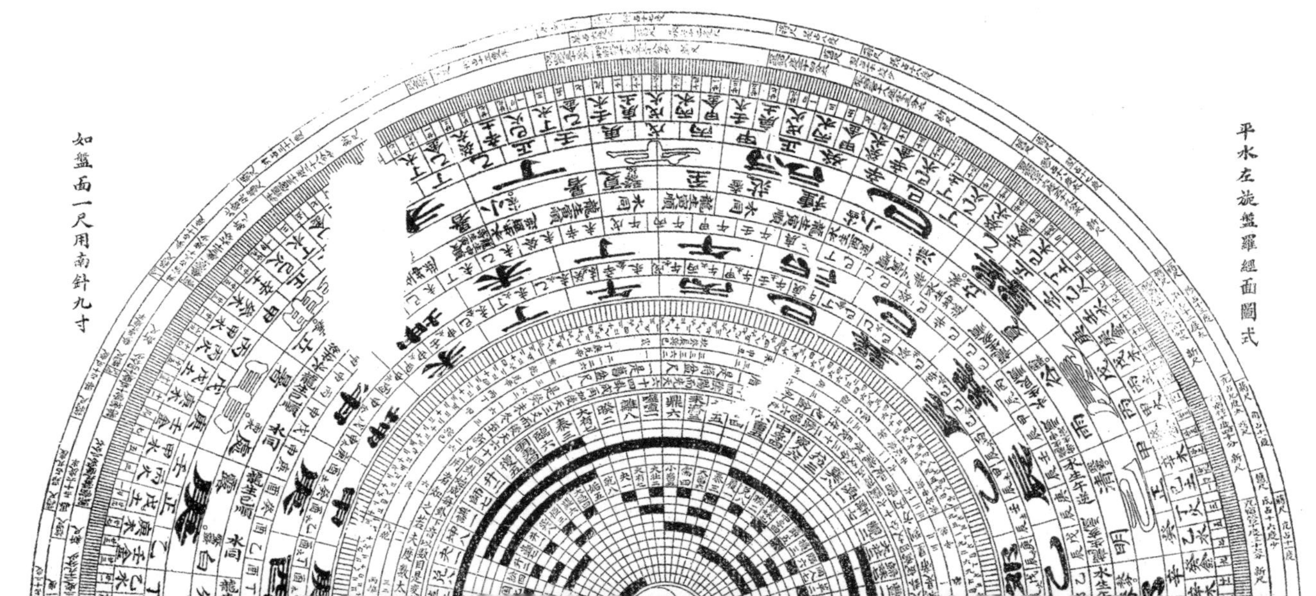

如盤面一尺用南針九寸

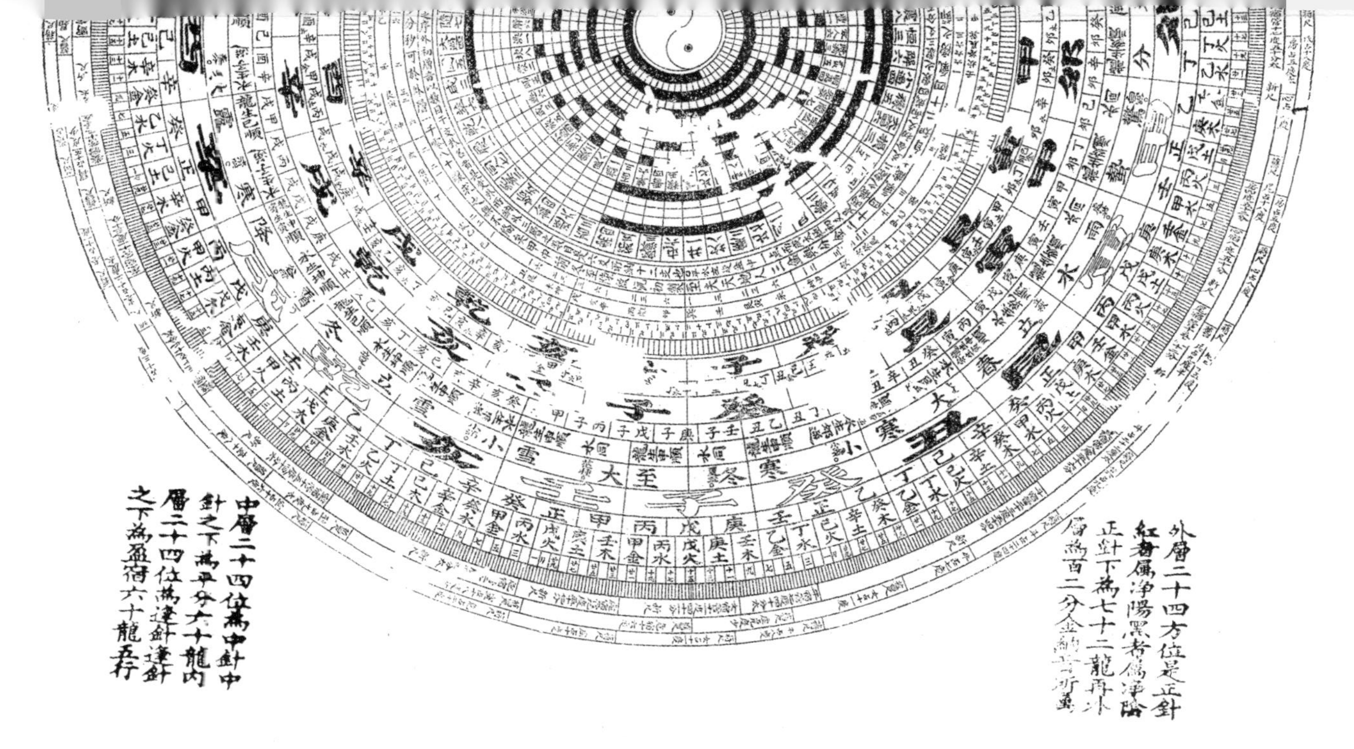

外層二十四方位是正針紅者屬淨陽黑者屬淨陰正針下為七十二龍再外層為百二分金[illegible]

中層二十四位為中針中針之下為平分六十龍內層二十四位為縫針縫針之下為盈縮六十龍存

立向用羅經法

凡用此羅經。先將此盤 山之正中宮後將平水尺放在羅經面上。必要[illegible] 盤高低四面平水。與平水尺相符。方可定向。使指 與子午正線相對。便可先分南北矣。再移轉其盤 之子午縫。與山正中相符。人目在其[illegible][illegible] 望去毫無 倚。再觀其斜側線。并鏡中之映線[illegible] 中線符合。然後觀其針指何字位度數分秒。即此 坐向也。此 之紅者是指南也。針之黑首是指北也。故南針 紅者。不可使指辛戌乾亥壬子癸丑艮寅甲及卯酉兩位之北半。便無錯悞之處。假如宅盤　紅針與午字斜向入則將其午字移正該山坐[illegible]　觀其紅針則指庚兼酉方三分。是知該山坐寅[illegible]甲兼三分也。[illegible]倣此用。如測峯巒。則移轉其盤。用鏡照之。觀其鏡裏之山峯。與眞山峯相對再觀其針之所指。便是　也。

平水盆羅經解

右立兩盆圖式者恐覽是圖不甚了了故特將右旋盆先繪一圖令觀者了然于心然後易知其左旋盆之用意 層分解之不至悞用之處用南針者以電氣之陰陽與南北二極之陰陽相引而成一線故不能移指於東西也其羅經之心 是太極之一點第一層之黑白兩儀者是南 陽北半爲陰之理也第二層之黑白圈三度者是發明兩儀生四象四象生先天

八卦之原。第三層。八六度黑白圖者。是發明由先天八卦而生出後天六十四卦之原理。第四層是將[illegible]天六十四卦之名目。而配以遊年九星。爲[illegible]天之體也。[illegible]有大遊年小遊年之分。難以盡載。遂將一二三四五六七八數目。而順其序以記之。即如一則大遊年小遊年俱以爲貪狼。如二則小遊年以爲巨門。大遊年以爲廉貞耳。餘倣此例。第五層。是將後天之八卦。而配于先天六十四卦之外三爻。而成後天六十四卦之原理也第六層是後天六十四卦之名并配以遊年九星亦以數目記之以立後天之用也如天風姤是由天父卦變出大遊年乾以巽爲祿存小遊年乾以巽爲廉貞故以五數記之是順其序餘倣此第七層亦以數記其本卦所納天干地支遊年九星之三吉六秀八貴也如坤宮逢乙[illegible]大遊年以爲武曲小遊年以爲祿存之類三吉六秀分干支而言耳餘照此推第八層是以數記其後天之三百八十四爻所納

十二地支之數以定生尅以一二三四五六七八九十一十二而易子丑寅卯辰巳午未申酉戌亥之名如乾爲天其六爻則納子寅辰午申戌之數則以一三五七九十一記之是也餘倣此第九層是縫針二十四位第十層是平分六十龍第十一層是中針第十二層是縮地六十龍此四層以備消砂納水之用也第十三層是二十四位長生順逆之數以備格龍放水立向之用也第十四層是二十四節氣以備弔合

吉凶星到宮度數幷附以某節氣帝星到方度數也第十五層是正針二十四方位以紅黑字記其淨陰淨陽以備格龍立向放水脩方之用也第十六層是穿山七十二龍以備格龍立向之用也第十七層是百二十度分金納音所屬以備立向之用也第十八層是週天三百六十度又週天十二宮每宮分爲三十度以備弔合太陽太陰七政到方度數第十九層是壹千零八十線每線作二十分得以弔合太陽幷三百

座恆星到宮度數。又知其吉凶星。某日時刻分到方線位也。第二十層。是二十八宿管度。以便查吉凶星、節氣時刻分秒到方度數也。外此不能盡載。總於壹仟零八十線求之。無不備矣。

黄道恒星表原序

易曰仰以觀於天文俯以察於地理又曰天垂象見吉凶聖人則之是則天下萬事萬物無不崇效天而卑法地者也然氣運循環之理隨天道以遷移而陰陽消長之機視日星之轉運惟是高明之廣大莫測端倪然運之機纖健行不息苟非精歷其妙權衡

乎過度移宮又豈易推尋而曆之不爽者哉
況星辰歷躔各自難以稽查而時刻稍愆
度數易於淆混且天壤相隔高懸萬丈之
遙今古推移盡曆乃年之久巍巍法度動
不居倘高遠稽察之差厘即千里之謬矣緣稽
歷象須成一定之準真術測量之法應恆
星之切表度分學有準綱日晷之速

足振後人之聾聵，率循有自。噫！子既捷經之室，織素循聞，先作他山之助，俾使千百年之地，舉疑豁心胸；而數為歷之天，日生瞭如掌指矣。

光緒癸未南海[illegible][illegible]陳經沅序

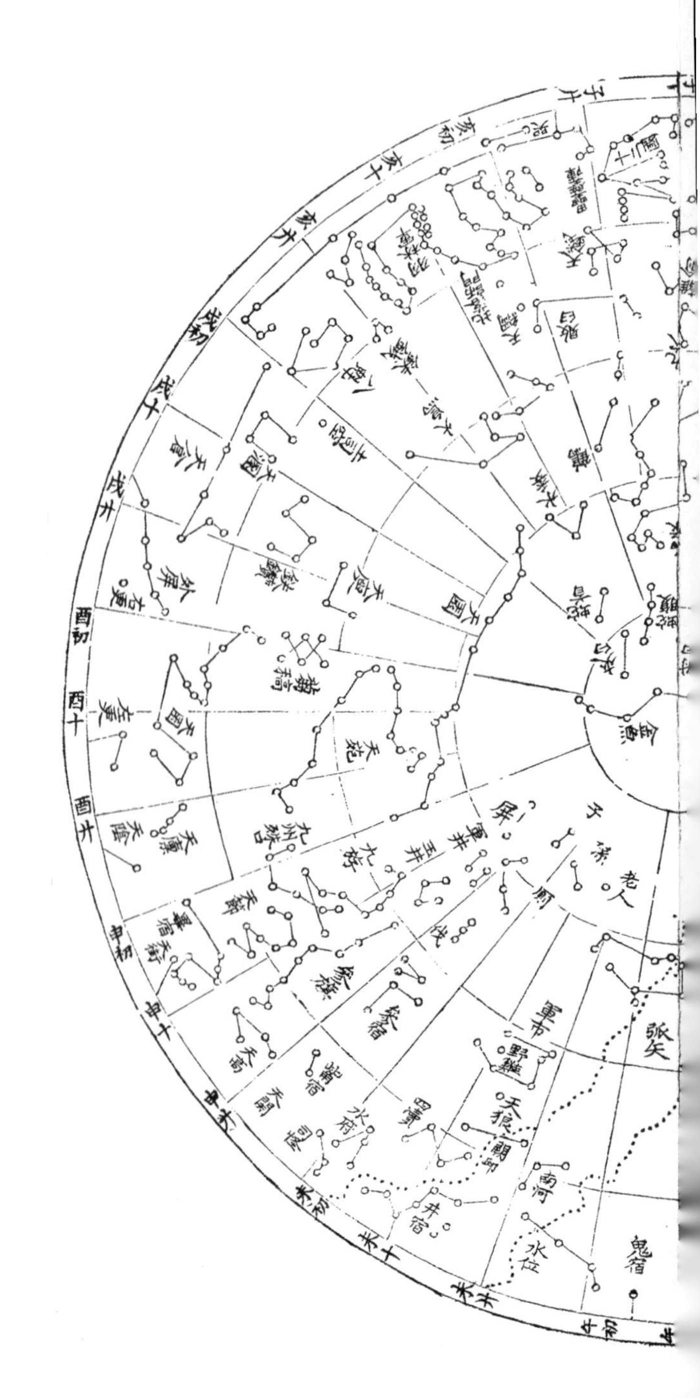

黄道南恒星総圖

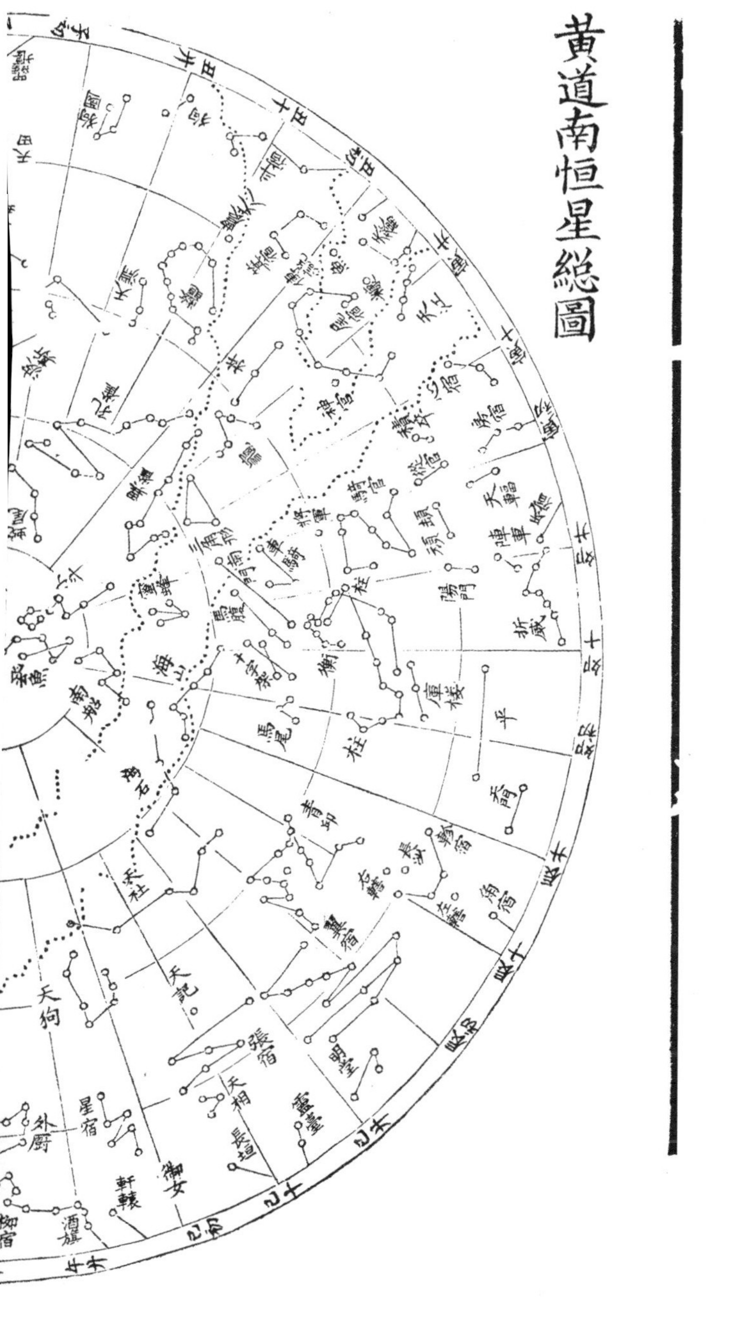

此圖是甲申後一百六十年上元甲子之圖現年已有表可查恐年遠難計故立之

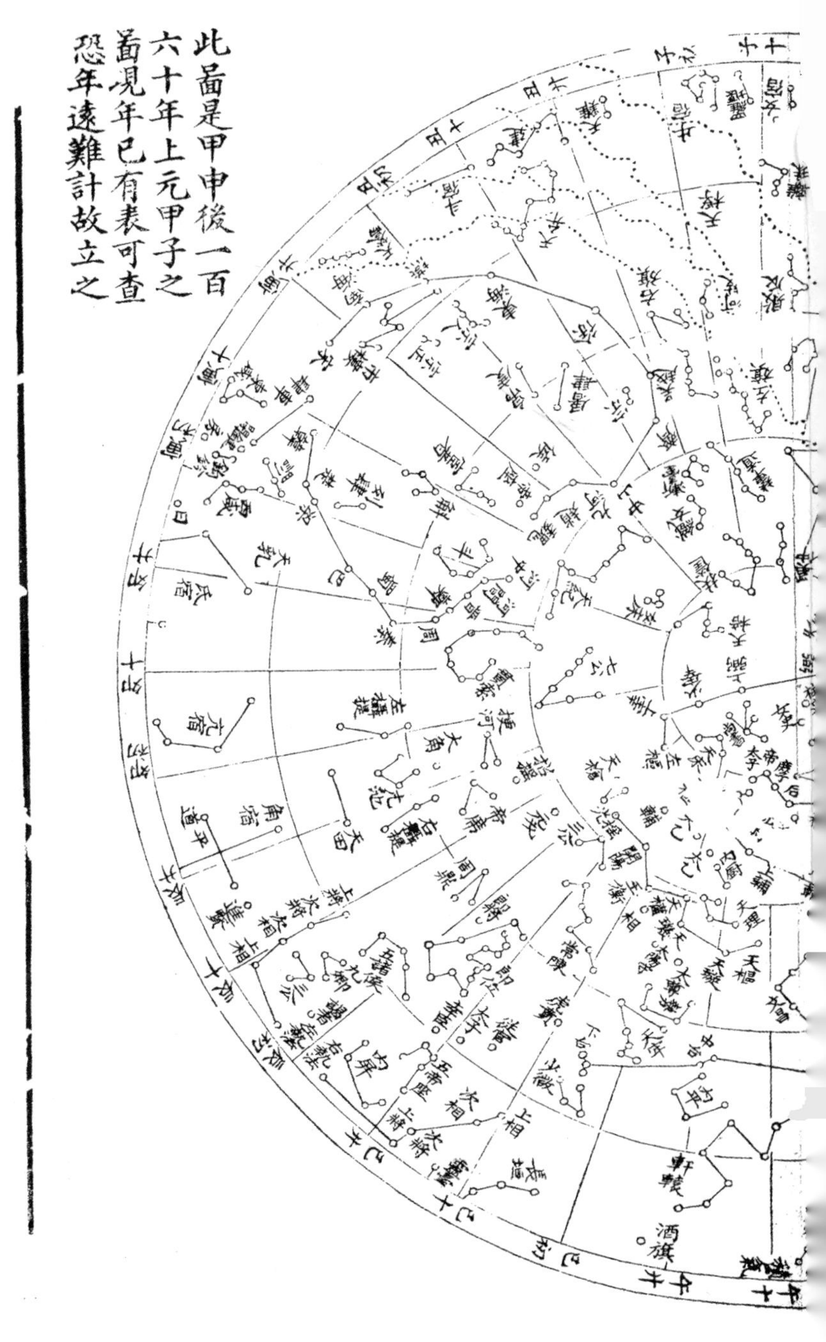

黄道北恒星総圖

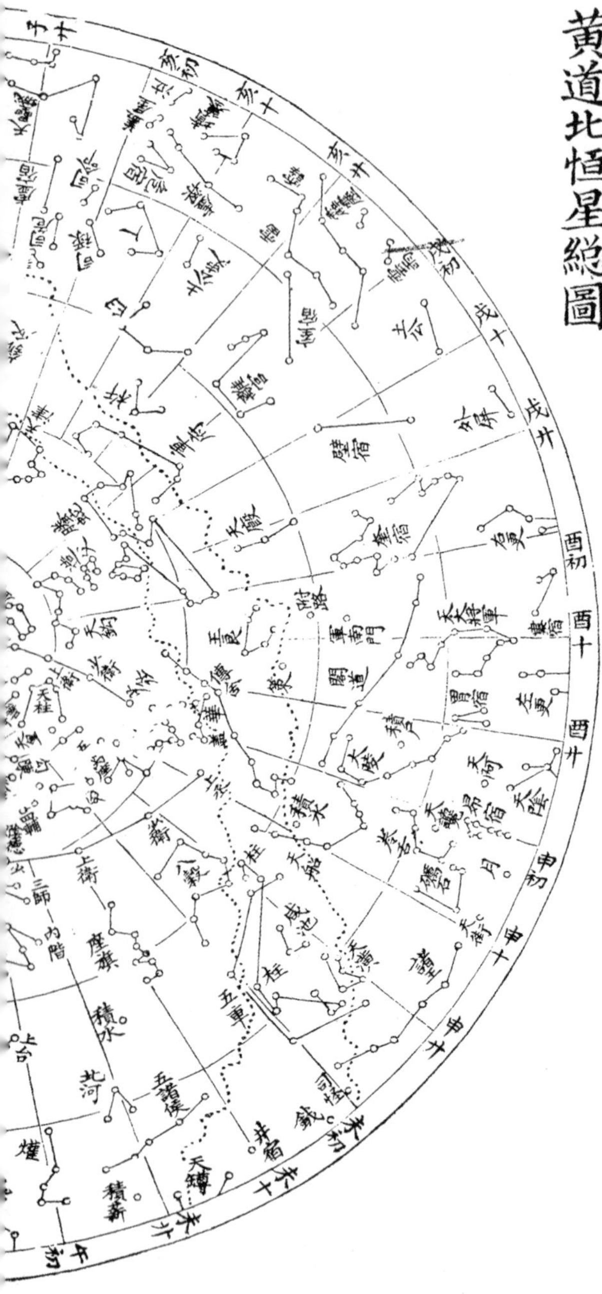

理氣溯源卷五上目録

黄道恒星
黄道恒星南圖
黄道恒星北圖
黄道星度歌
步天歌
計星度行度法
太陽與恒星移宫合算法則
二十八宿分度表
萬年歷法

捷法推月朔

定立春并閏月訣

推二十四氣定例

二十四氣距冬至日時定局

推七政四餘纏度過宮訣

太陽遲速解

附錄三角求垂線法

垂線圖解二

勾股測量題解圖三

理氣溯原卷之五 黄道恒星上

羅經之要，吊合星度之法，此一要也，而羅經之面難以盡載，況各恒星俱隨節氣轉移，故特立表爲之定也，然又星度浩繁，苦其難記，故特作星度歌以記之，猶恐後人謂爲杜撰，故再將隋代丹元子步天歌附刻于下，俾得爲之互訂耳，步天歌有三垣二十八宿，而無宫度之分，此歌有宫度不列三垣，合而觀之，則恒星可足全窺而用之云爾

星度歌　謹將光緒甲申前冬至推撰

甲申何則步星宮、只爲星移歷不同、十二宮中星度列均如歷算始於冬。子宮牛宿三星值子初、一星二度六三過河鼓三星移到丑、左旗一二亦無差左旗三子一排行、九顆彎彎八度裝、輦度五星拖至七、斜飛三顆丑中藏。一度四星及左旗、四星二度亦須知、五六八星同在五、七星四度有零奇。羅堰三星六度齊、天田九坎亦須稽、三三三十離珠二、尚有天田四五棲、附白二星獨八居、左旗九顆亦相如、五六八星居五度、七星八度共波斯、九坎離珠一四同、離瑜一顆九居中、七子扶筐同第七、六星九度恰相融、女宿四星十一藏、周齊三顆恰相當、十二趙秦三女是、敗瓜第一五扶筐。十三奚仲及楚星、敗瓜三五四皆經、十四瓠瓜居鶴首、天津二子亦相停。子宮十五首瓠瓜、韓魏燕星敗白斜、壁陣八星同此度、天錢三顆此中誇。子宮十六晉名居、三代初星兩不殊、瓠瓜第三奚仲二、度同分秒有差。差瓠瓜敗白及天錢、二子仝途十七偏、奚仲三星三代二、天壘十一亦相纏。天壘城共十三星、十二斜穿廿四停、十三五六都無占、八度中藏數可聆。天津九夥子居三、十四分纏廿六函、其外六星歸亥記、首星起在二三參。十二國星列國名、起從十一度先東、鄭越二星爲九十、斜拖十七度奇贏司危司命又司非、念一二三念五依、廿八度逢司祿首、二星祿六正相宜。哭星休悞作文星、勿向子宮廿四零、二欠三分逢廿九、兩星皆是哭之形、壘壁陣星十二儀、子宮五顆亥中施、二十度逢三一四、五星廿七過波斯。六星在亥度居三、七九八居十五參、尚有四星,念六七。若查緯度,盡居南,波斯十一顆,無差。八星已後,丑中查,一二兩星仝此度,由三至七子宮花鶴星十二,子宮中,鳥喙蛇身數亦同,蛇腹初星居亥裏,四三念七兩相融,羽林軍在緯之南,四十五星子亥參,一至八星同在子,其餘分佈亥宮合。子宮百五十三星,南北圖全四六銘。若問八星何不算,百年必入亥宮庭。亥宮危宿三星值亥初二星五度一無餘泣星一二爻加算,蓋屋虛梁二一,如天綱一顆亥初繩北落師門二度稱爲有人星三六度,虛梁四七亦當應。墳墓四星七度纏、二三五八度相牽、恰遇白星經線對、四三兩顆杵相連。火鳥南飛十顆齊、一三五八九何稽、五六七星十三四、為有十星念六栖。土公吏位兩星名、十度無差分秒銘、鈇鉞三星珠串列、十六七八尚餘盈。雷電星談是六鉄、初星十四六三俱、五六星原差一念、四星廿度畧無隅。八魁六顆不相當、廿一梯連廿五方、為有五星相隔遠、之玄廿八度張揚。室宿離宮首畧同、念三四二是離宮、戌初離六相連五、室二原居廿七終。車府七星戌亥分。戌初三四二三羣六星亥九四重九、五七星分一四云。
星連廿二是滕蛇、十八戌宮四亥嗟、亥是二三兼二
六、戌從五度順橫斜、水委三星四雨雲、三星之度十
三分、念五六經雲雨線、亥宮念一雨星紋、亥宮十度
是蛇頭、雨顆斜穿十九悠、夾白雨星分戌亥、亥宮十
五戌雙勾。十三如帶是天園、亥酉宮拖戌順跟、戌亥
占三爲酉七、度三廿八似珠軍、霹靂五星四亥中、五
星一度戌相通念三三子君須記、十七無餘二不同、
亥宮念宿衆名居、共百三星又九餘凡過別宮皆另

里氣朔原 卷五 黄道恒星 四

算、餘星留檢表中書。

戌宮

戌宮初度土司空、二度天鈎及土公、天厨六星天囷五、天溷三粒度三同。天鈎三度四天厩、四四天溷度亦俱、七度土公兼壁宿、天溷首從有何殊。八度天鈎第九星、四星造父九無零鈇鑕戌宮居十度天倉二粒十中銘。十一天鈎五子藏、三星十四是天倉、鈇鑕外屏兼壁二、戌宮十二恰同行。造父五星十二趨、二星亦合此中俱十六度中藏四顆、度逢十五首天厨、文昌奎宿十餘珠、十九之交廿八符、十度疊星虛廿五外屏廿五左更趨。天庚三星十六先念三三二度流漣、三星天廐居何度、十八連拖二十弦。六星蒭稿度堪疑一夥一宮度亦奇、一度酉宮廿八戌、天厨三子恰同之。天鈎八子亦同前、餘外均皆戌裏傳、天囷十三諸十二、戌宮廿八度相宣。南面金魚在極遊、戌宮廿五酉寅浮、右更三星同廿五七星廿六遇天鈎。戌爲地尸覺星稀、十七名流車大奇百有三星分座位宮同宿别復何疑。

酉宮

閣度六八星是酉初、度同天苑八星歌、一度九星貴宿二、一星二度六三過酉宮三度是王良、附路同居仔細詳天苑十星同此位天囷十位亦相當四度金魚值酉宮軍南門裏正相通五度又逢天囷六九星只欠七分充八星七度及天園九八天鈎數亦專天大將軍星六七八星五四八相原酉宮十度大將軍九四天囷欠廿分傳舍九星頭十一王良二子是同羣將軍十子十同前十二將軍首顆纏一二左更兼策宿左更四五十三連酉宮十四各星無胃居十五苑同符十六二三偕閣道二星傳舍亦同途傳舍三星十七來復查天苑半宮開二星恰合逢天囷十八應

尋少弼該。十九度逢入大陵，四星天廪亦均乘，一二三天苑歸星尾，上衛天陰四子徵。大陵天廪七三成，三子金魚二十盈，二子天陰同此度，首居念一廪之名。大陵之首及積尸，四星華蓋亦同之，念二酉宮非吉位，二星閣道念三施。天阿一顆念三吟，五星華蓋度同針御女四星頭一顆，大陵之六度須尋。天陰五子首同逐大陵之五亦相符，此度三名同一位，念五華星六顆孤。酉宮廿六四星排，華蓋三星杠九皆，爲有大陵占二顆，二星恰與四同儕。昴宿初基二及船，九

州殊口數同宣、杠星之八華之七、念七陵三步已全
昴宿七星五顆同、少丞天柱二三叢、天船二子兼傳
舍、十顆俱皆廿八中。畢宿八星獨酉字、又逢卷舌兩
星趨、酉宮廿九星齊算、凡百三星是十珠。申宮 申初
半度值天船、閣道天讒華蓋聯、二十九分天苑八、杠
之七顆亦相懸。月星上弼九州三、杠六四同卷舌參、
尚欠四分天苑六、共查一度緯之南。觜宿初星卷舌
從杠星五子亦相重、天船四子差分數、二度星多苑
七逢。九游礪石八和諧、天節三三卷舌皆、天苑十星

傳舍九、天船五子幸同脅。四星四度畢同杠、卷舌天街二子降、礪二亦隨天節八、同途傳舍八偕瞠、畢宿二三七子同、九州四子節初通、節四亦隨居五度、九游七顆度同宮。九游一六六中羣、礪石天街四一閒九州五六上丞七、杠數三星賸十分。五帝二星內座何、九游天節數同歌、天船之六天節七、均在申宮七度過。畢五無差積水同、節之五六夾其中、附耳之差三百秒、申宮八度五星豐。九游三九九中詢、柱史天船七子均、屏杠二逢申十度、諸王六顆數同陳、九游四五五參旗、六七相同八亦依、八九天船皆十度、御從十一女堪期。御女四星酉未申、二星玉井恰相均。參旗一九兼于四、中元再半度趨遂。二三十二又參旗天高之二數仝之、天柱首加三百秒、玉井屏杠過度期。玉井三星數亦仝、四星五帝座相融、十三度丙申宮記、十四軍名井兩通。勾陳第六數同前、五帝三星首未偏、五子諸王唯十四、其餘十五另推纏。參宿七星玉井操、五車十五并天高、高三諸四軍三四、十六分明度已敎。桂星一二兩三珠、十七度逢八穀趨

若向丈人星二顆、壽星從此得康娛。十八將完十九
過、勾陳高厠五潢多、此度細查分秒數、吉凶分别始
無訛。申宫十九厠名經八穀天潢六七星、幸有天皇
中少衛、吉多凶少準堪停、丈人廿度又咸池、念一天
潢二四離、五車二五差分數、三一觜參伐盡期。觜宿
一三念二來、柱星七顆二池該、念三參首連於屎、厠
合天關柱八栽。子星之二與參同、參六相連柱九通、
念四依稀將過度、首推六甲厠居中。念五將完是子
星柱中念六兩三應、諸王首恰連三穀、司怪參牽念

里氣溯原　卷五　黄道恒星　八

七停、申宮念八五車多、八穀初星天柱和、司怪次星居廿九、步全申位定無訛。申宮四十四星名、百六同宮又八零、位過跳宮齊互算、稽查全表數同銘

未宮

水府初星値未初、更逢司怪第三魔、選擇忌從分吊合、狂風難免又狂波。水府二三與鉞隣、孫星之二若相巡、四星分度都逢一、二度三星直可遵。六甲初星二度容、內垣女史恰相從、井宿八星三度首、無零四度甲雙逢、加分將過五逢孫、四瀆分明四四傳、井二十分同五度、不逢軍市首應宣。座旗九顆六居多、八

七偕三五亦拖、四瀆三星軍市五、度同四輔盡無訛
勾陳六甲亦三星、井宿相符七度經、第一座旗同四
顆、井旗五六八參型、座旗二九五諸侯、井四同軍六
子週、四瀆二星軍市共、野雞井六十全留。十一闕邱
十二狼、天罇三子恰相當、老人星與諸侯列、瀆輔加
三井七康。輔四無如十五佳、天樞極五得和諧、雖然
積水逢軍市、考訂分毫吊合排。井八天罇六七竒、侯
三復遇北河依、二邱軍五連于四、矢八爲弧十六期。
未宮十八北河中、十九諸侯矢七融、水位初星恒二

十、南河二十次初同。內階五顆四俱單念一爲頭順去還、三位北河弧矢始、積年過度望加刪。積薪念二又三師、五顆諸侯位亦斯念四五階重少輔、水逢陰德寔堪宜念。五勾陳念六無、爟星念七二之弧、大理喜逢階二會、幸逢德二正相扶。未宮廿八二三師、弧矢分明九子居、水位四三兼大理、內階之四勿遺疎九十四星入未宮、星多名少也相叢、別宮過度都同計卅一恒星數可通。

午宮

爟星三二午階初六五文昌一度和、弧矢後宮同此位、上台一顆亦無訛。午宮二度值文昌，二位三台吉在傍，鬼宿二星三度列，軒轅之首亦無防。文昌二位四無差，鬼宿初星此度查，三鬼積尸同五度，軒轅昌二六將加。庶子居三六度餘，文昌三子七餘居，鬼宿四星剛七度，柳星八度外厨如。軒轅三九度欠三分，厨六張三四亦云，柳宿初星先二位，再加半度數堪聞。十度軒轅四子充，柳四同厨十一中，最吉帝星三九數，更加四八秒與隆。軒轅十六恰如梯，三起橫穿廿二齊，最後一星派十六，已宫四度已無遺。柳宿八星亦最奇，之立十位隔相依八度順過連十八、結連十九酒旗宜。十三十四外廚多、又內平生線值拖、北斗天樞居正線、十三度半得中和。十五無如十六佳、更逢天理得和諧、十七中台都吉位、天璇相近正安懷。內平十八柳相連、十九旗三數亦纏、中台第二天床六、平二都佳可占先。太子星居第一籌、二分添足廿全週、酒旗三二傍相拱、直上旗頭念一樓。酒旗相近內廚房、二四相符天理藏、平內一星同廿二、軒轅十五亦相當。午宮廿四尚書頭、天床首位未爲優、內廚之二天牢首、星宿居三也未過廿三廿四狗中腰，廿五勢同狗尾搖，勿恃搖光相映助，尚書之四亦無參。參星宿七星四度，全之五四五六相聯，星後太尊居念七，軒轅十二子相連。午宮廿八亦天牢，御女爲名位覺孤，勢星三四天權在，念九輝名大丈夫。午宮一百足無盈，宮内星藏三十名，若問別宮同過度，只將宮内數相呈。

巳宮

巳宮初度六天牢，半度無零狗首遭，張宿五星爲一度，少微一位度符操，太陽守二度之中，天狗次星兩度雄，二度天牢逢四顆，長垣五十二分終。尚書二位度三三，天

理氣溯原　卷五　黄道恒星　十一

乙星居北向南、少微二子差分數、四星四度亦同参、天社如何四度尋、天牢二位亦同針、張宿初星剛四度、吉凶混集勿同臨、下台五度兩無疑、天相星偕二子期、右垣右樞同此度、軒轅十六近須知、六度分明是相星、少微首位甚娉婷、長垣二四星同數、天相初星度亦停。玉衡七度十餘伸、天相三星張二隣、如虎賁、星餘八度、長垣三子七常陳。上相之西九度尋、位同天記說知音、勿查十度無星位、十一零餘次相臨、十二靈臺至十三、張宿三星盡緯南、常陳六顆將三數十四開陽數、可參。十五從官及轄星、三西次將度餘零十六常陳前四顆、張三六位已同經。上將垣西十七同、太微太子幸同宮、社三陳五三分足、十八三公帝座中。五名帝座數堪稱、十八挨傳廿一停、若問明堂先十九、廿三中步二英明、帝座同宮一幸臣、又逢郎位與相親、更同社四星聯後、每座分明莫亂陳翼宿星多念二珠、辰宮過巳若之趋、巳宮十八斜穿起十度分居十四隅。郎位珠連十五星、分居八度也堪停、起于二十留干八、內平如斗度相應、巳宮廿一五星棲、海石屏聯座翼稽、念二度星同十一、三公郎位內屏齊。明堂次位念三依、郎位占三耒足期、廿五右垣之執法、三公首座向相宜。五諸侯與內平參、五四星聯念六含、廿七翼多天社少、天槍廿八鼎郎採。已宮廿九五諸侯、四二星名數已週、百一恒星零四數過宮同計也盈眸、

【辰宮】

辰初槍翼宿同三、周鼎三星一度探、謁者獨居同一度、侯三周一二同參、九卿三度首三居、執法垣歸左位書海石雖南同此度、諸侯宮位四多餘。太微垣內有三宮、四五元戈翼也崇、

三四青邱侯一二、太微垣內度相同。辰宮六七亦青
邱、上將東排翼尾浮、海石三星齊此數、公三將相八
堪投。九度東之次相名、度逢軫宿數堪呈、管交邱二
根連七、吊合無訛事亦平。軫二何妨右轄通、青邱一
一軫三同、長沙十二居南緯、位隔無多左轄中。帝席
之三又進賢、十三十四度魚遷、三星又遇三周鼎、十
五無嫌海石偏。招搖十六數已齊、平道中逢右攝提、
左右飛魚俱十七、天田十八席堪稽。南船十八數同
前、十九飛魚首未偏、二十海山兼角宿、二星同位二

相纏念一天門數已開、耿河三子亦同來、海山三比南船二海、石單星度亦該、梗河三子角之初、大角雖遙念二和、四顆亢池三四六、天門廿四二無訛、平道二星廿五全平、星馬尾數同笨、田河池內皆同度、念六庫樓九顆躔、馬中廿七度將過、廿九庫樓盡海拖、馬尾何妨稱馬首、辰宮九十有三多。

卯宮

卯宮初度五南船、左攝提星二位連、七公五子初將一、柱十分明十九宜、度半五星柱共提、七公六七數應稽、若查二度星同數、亢宿山南一二樓、亢三三度甚相宜、五

子庫樓四度奇，十字形成名曰架，四星四度也須知，
南船四子共飛魚，十字初星五度餘，桂九並兼僂六
顆，亢皆五度別零居。桂星十一數難齊，一六初分五
亦悽，十二斜飛穿十八，獨無十六便全稽。六度七公
四子投，恰逢平二與庫樓，貫索二三過七外，若經八
度二魚浮。一二衡星九度裝，海山六子亦須藏，折威
一顆先居九，十度星多另別詳。右轄軫二並公三，樓
三貫一數同參，若查馬腹三星位，架二三星度盡含。
青邱十一度三衡，軫宿之三也未更，十二四衡同左

理氣溯原 卷五 黄道恒星 十四

轄、長沙馬二亦同行。柱星二子折威同、近度相纏并七公、只欠廿分穿過度、十三度遇索之中、十三柱一又南門、氐宿同威半度存、十四飛魚之六顆、威雙柱六度同奔。卯宫十五未爲艮、貫索逢之柱未祥、十六陣車將過度、六秦威六也商量。七公貫索及陽門、柱四氐三度愈跟十八庫樓蜂蜜一、陽門首位並同論。氐宿二星十九誇、折威一子數同家、陣車二子星同數、二十單傳蜀七加。車騎三星廿一逢、右垣四鄭度居蹤、騎官十子加分五、馬腹雙星四蜜蜂。騎官三四念三居、氐宿三星秦亦如頡頏二位逢天紀、三晉蜂腰天乳餘。頓頏首位遇西咸、廿五將過廿六參、五八騎官同廿六、再多度半斗三合。天輻二星念七零、騎官二顆數同經。騎陣將軍將過八、河間已在右垣停。廿八騎官六七遊、南門咸二共三投、小斗三星多四十、車騎廿九恰全周、騎官小斗及河中、南斗從官數亦同、罰三咸一車騎一、廿九分零盡卯宫。卯宫星度數分明、上下相連四十名、宫內衆星過百顆、再零廿二數尤精。

寅宫

小斗罰二即寅初、九梁近一度無訛、

從官罰一堪同楚、房宿珠聯列肆拖。寅宮二度值鈎鈐、斗四相逢小斗兼。三度四分逢鍵閉、卒車斗肆衆星添。積卒初星四度該、斗中五子匆徘徊、莫將列肆爲車肆、四度無零線度裁。小斗五星五度參、六三兩顆是東咸、斛星四子兼心一、天紀東咸位二三。六度相連七度看、又同三角象形干、東咸四斛三心宿、八度天棓十一韓。心宿之三斛一如中逢九度五金魚女牀宦者同居十、三角形還斛肆居。天棓三十度卅分、二女牀連宦者聞、十一度過天紀六、宦三異雀豈

同羣尾宿二星值女牀、左垣一魏亦相當十三十二

相連雀帝座停車十四行。尾宿一三宦四通、寅宫十

五亦神宫、宋星十六仍逢雀、十七龜星四顆同二趙

天江及五桔、龜星一五市樓推、尾完十八過天紀雀

角江同十九回。廿度侯星五市樓天江四雀已全收、

念一糠星天籥六、三星異雀漸回頭。天籥七星念二

多、杜三樓市一中和、二龜八尾居南海、尾宿經跨九

五歌。念三同上宿梧如宗正之星獨一居、九河雀首

均同度廿四樓同紀籥諸。天籥二星二八同、偶逢宗

理氣溯源　卷五　黄道恒星　十六

正度之中、再加六數分兼度、尾六何如念六通、天紀九星傅說旁、天棓四顆雀頭當、魚星念七和天籥、廿八燕星帛度裝、將完廿八四宗八、箕宿一星市雀因四十五星名已列、分明百廿八歸寅、[丑宫]屠肆二星值丑初巾山帛度一、無訛斗宿三星將二度、近同箕四也堪歌、箕宿二三鱉一從、雀三八顆度三逢、八東海位居河度、斗二鱉魚十一容、鱉星五度十堪稽、屠肆為頭六度棲、孔雀五同連四顆、相連只隔二分齊。天弁一星及丈八、鱉星七度二堪親、斗居八半如孤立、九度雙星弁鱉陳。十度三星亦弁天、鱉三斗四共相連建星九雀兼雙鱉、四顆星全十一纏、五六鱉星十二居、六珠斗宿度何如、十三建弁同中斗、六顆星該織女舒。十四徐星建弁隨、天淵三顆數同推、三星天弁逢齊雀、十五中宫度可追。蛇尾如何四建逢、三星織女六之重、漸臺二顆波斯一、十七如何建女從。建逢吳越又蛇三、十八分清此度參、十九無星筐廿度、漸臺孔雀狗居南。念一二度右旗同蛇先雀後兩全、終念三輦道天雞唱、旗右三星六八通、右旗星衆勿疑疑。念一爲頭念七期、念四漸臺兼九國、國三雀十度同施。扶筐廿五右旗頭、狗國三星得自由、九十波斯居廿六、右旗輦道度同投。廿八天桴輦道三、扶筐河鼓另分參。蛇尾一星居二九、天桴三子丑宮含。

丑宮星位廿三名百顆星多廿二生、于四恒星三百座步全宮度甚分明。

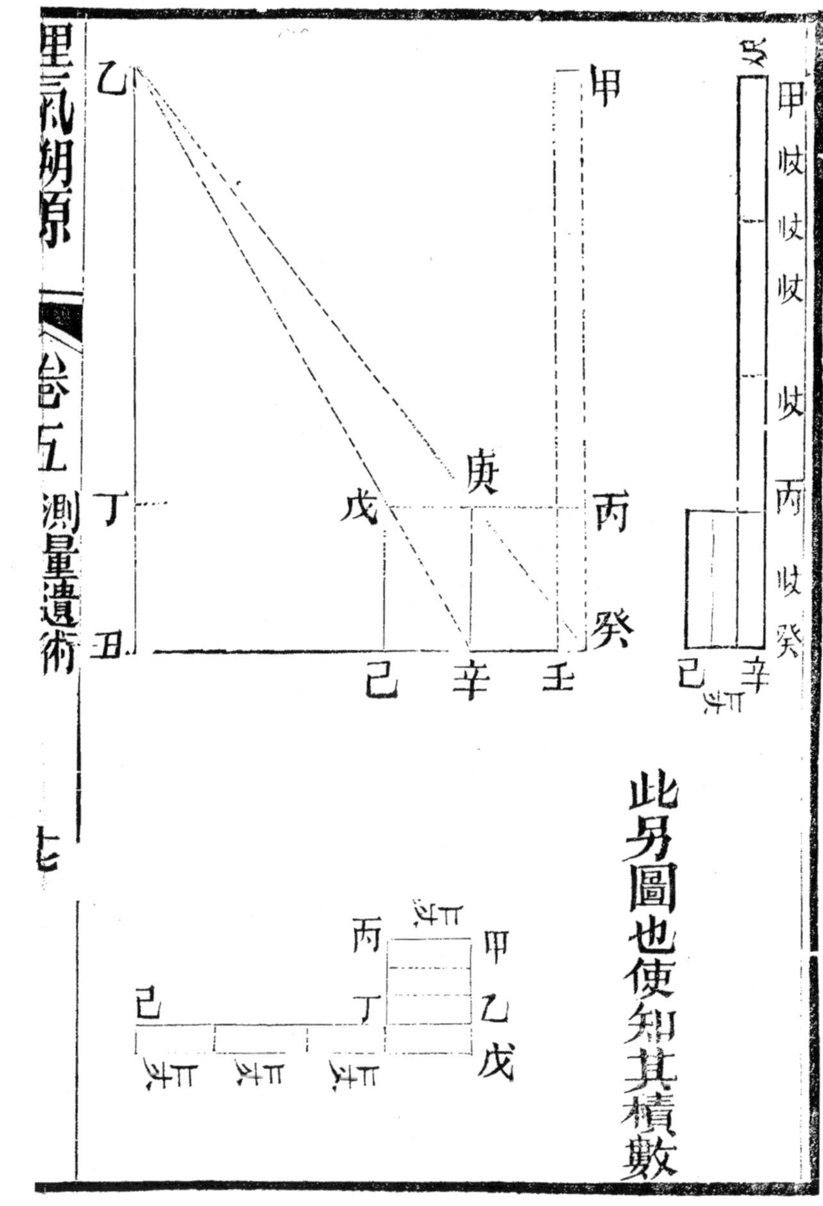

此另圖也使知其積數

步天歌

紫微垣紫微垣衛應庭闈。北極珠聯五座依。一是帝星光最赫。一爲太子亦呈輝。庶子居三四后宫。五名北極象攸崇。北辰之位無星座。近著勾陳兩界中。六數勾連曲折陳。大星近極體惟眞。天皇大帝勾陳裏。天柱稀疏五數臻。柱南御女四斜方。柱史之南女史廂。南列尚書分五位。迤西六足是天牀。兩星陰德極之西。大理偏南數亦齊。四輔微勾當極上。北瞻六甲數堪稽。勾陳正北五珠圓。五帝斯稱内座聯。一十五星營衛列。兩樞左右最居先。右樞少尉位居西。上輔之西少輔析。上衛批迤爲少衛。上丞居右批門栖。左樞上少宰星連。上弼微東少弼躔。上少衛星仍按次。少丞亦湴批門邊。批門中處七成章。華蓋爲名象好詳。門内杜星承九數。狀如曲柄蓋斯張。蓋批當門曲折排。名爲傳舍九星偕。舍西八穀交加積。八穀迤南六内階。階前六數是文昌。半月勾形少輔傍。更有三師依輔近。尉南兩箇内厨房。厨前門右兩星析。天乙居東太乙西。六舍天厨隣少弼。五珠天棓宰東提。天

槍之數斗稍東西是三公數亦同南指元戈單一顆
七星北斗麗長空天樞西北斗魁張璇次璣權序自
詳再次玉衡居第五開陽當柄接搖光開陽東北輔
星連相在衡南最近權魁下太尊中正坐太陽守位
郤南偏斗中天理四堪窺尊右天牢六數維勢四牢
西方正式中垣內外步無遺太微垣太微垣在勢東
南勢北名台位列三東向少微斜四數長垣西向數
同參文昌勾次上台平東列中台勢右明勢左下台
皆兩伋常陳七數斗南呈長垣南左是靈臺其數爲

三左亦該。左則明堂相對待。常陳正下兩垣開。門西執法右名宜。上將居南次將隨。次相紛瞻爲上相。右垣五衛左如茲。門東執法左稱名。上相迤東次相迎。次將北東居上將。內屏四數列前楹。中央五帝座爲眞。正北微垣一幸臣。太子從官星各一。虎賁依序向西循。屏中謁者一星參。東列三公數已合。北屬九卿三數澁。東依次將郤偏南。北瞻折節五諸侯。郎位之旋十五儔。郎將一星東北駐。上垣俱向斗南求。天市垣下垣天市太微東。列國圜圍象著雄。北有七公承

宰次公南貫索九星亢貫索迤東天棓南女牀一座
數爲三牀南天紀星連九垣上彎還向好參西衛韓
星第一籌楚梁巴蜀及秦周次爲鄭晉河閒位再次
河中右璧修宋東南海北迤燕東海徐星次第連吳
越一星齊又北中山西次九河躔又西趙魏左垣裹
廿二交環兩衛牆帝座一星居正位一侯東列近中
央座西宦者四屏營西有斛星四角平以次斗星爲
數五迤南列肆兩星橫侯左迤南序好循兩星宗正
四宗人宗星惟二齊南藩屠肆微西兩數臻帛度雙

星居肆前楚南車肆二星連市南六箇依南海天市
垣星步已全角宿太微垣左兩星參角宿微斜距在
南平道二星居左右進賢一座道西探五諸侯北有
三星周鼎爲名列足形角上天田橫兩顆天門二數
角南屏兩箇平星近庫樓衡星樓內四微勾庫樓星
十如垣列十一紛披柱亂投四楹內外豎衡南東植
雙楹北列三西北兩珠皆庫外南門星象地平含亢
宿角東亢宿四星符距在中南象似弧大角北瞻明
一座攝提左右各三珠亢下橫連七折威陽門雙列

直南尾頓頑兩箇門東置車騎諸星向氐隷氐宿氐
宿斜欹四角端正西爲距亢東看亢池大角微南四
帝席三星角北觀横河三數席之東一顆招摇斗柄
冲天輻兩星當氐下陣車三數輻西叢騎官十箇頓
頑南騎陣將軍駐一驂車騎三星臨地近巴南天乳
氐東探房宿氐東房宿四偏南距亦中南四直參兩
箇鈎鈐房左附一珠鍵閉北東含東西咸各四星披
房北還應左右窺罰近西咸三數是上當梁楚兩星
歧西咸勾下日星单氐宿東南最易看更向房西天

輻左迤南認取兩從官。心宿心當房左向堪稽中座雖明距在西好向東咸勾下認三星斜倚象析析房南直指兩星微正界從官左畔歸積卒斜瞻遥向處恰當心二著清暉尾宿尾蒞心南向徂東九星勾折距西中西南折處神宮附傅說歧勾左畔亢勾東北視一星魚北有天江四數居江指尾中當宋下龜星不見象非虛箕宿尾東箕宿象其形天市東南列四星舌向西張當傅說距爲西北本常經尾勾正北一名穅箕舌之西象簸揚南置杵星臨地近粲因常隱

不須詳斗宿斗宿依稀北斗形衡中鈌一六珠熒箕
東之北當東海正界魁衡是距星斗西天籥八星圜
南海魚星兩界間東海迤東天弁是徐南九顆折三
彎建星曲六弁南迎建左天鷄兩直行兩狗建南俱
斗右四星狗國又東傾農丈人居斗下壘鼈星十一
丈人前鼈東之數天淵是半爲壓蒙象未全牛宿六
數交加宿號牛正中爲距斗東求南三北二皆攢聚
羅堰三星宿左修堰南四顆是天田九坎田形近地
邊牛北橫三翹一者天桴象與右旗牽右旗曲折界

齊東河鼓斜三左畔沖。北列左旗形亦曲。旗皆九數鼓居中。天紀迤東天棓南星名識女數爲三。漸臺四扯中山左。輦道臺東五數參。女宿四星女宿對天桴堰北牛東向不殊。距在西南應誌認。北迤斜四是離珠。敗瓜五數瓠瓜同。再北天津九數弓。七數扶筐天棓左。四爲奚仲界筐東。女宿迤南列國臻。越東一鄭兩周循周東趙二南齊一。北列雙星並屬秦。趙東楚魏各星单。代列秦東兩數看。代右魏東三角似南燕東晉北爲韓。虛宿兩星遥接畧斜參。虛宿爲名距在南北指司非星兩顆司危亦二向東探正東司祿兩星橫司命雙星祿下呈天壘城依秦代北十三環曲宿南營列國迤南坎北區三星畧折號離瑜瑜東敗臼南傾墜四數微張若仰盂天壘維東向好參哭星兩箇近城南哭東二數星名位危宿之南位易探危宿危宿彎三祿左屏折中東企距南星南迤蓋屋星連二墳墓居東四渺冥危北人星畧向西天津南左四星栖臼當人北東迤四杵立三星臼上提天津東北七星勾車府為名杵北修造父五星居府北北瞻

九數是天鉤。蓋屋微東墳墓前。虛梁四數向東偏。天錢五筒離瑜左。哭泣迤南敗臼邊。室宿危東上下兩珠瑩。距亦南星室宿名。雷電六星南向列。土公吏二電西營。離宮右四左雙珠。室宿之巔六數敷。旋繞螣蛇星廿二。北瞻造父畧南紆。天綱敗臼左隅連北落師門各一圓壘。壁壘陣星聯十二。虛梁哭泣各星前。八魁左陣六星躋。鈇鉞三星畧向西。四十五星三作隊。羽林軍在陣南栖。壁宿東壁星當營室東。以南爲距數攸同。北瞻天廄三微左。南有雙星是土公。雷電微

東位列前星名霹靂五珠連再南雲雨星爲四俱在
梁東陣上邊壁宿東南向最遥五星鈇鑕遠相要壁
南火鳥星連十雖附南規象半昭奎宿十六星聯莫
擬形壁東奎宿象晶瑩南西三顆中爲距南列微平
七外屏軍南門傍宿之巔閣道東翹六數連翹接遠
通傳舍北適當華蓋畧東偏閣道螣蛇兩界中王良
五數舍南充策依良北星惟一附路良南數亦同八
魁微北向東探鈇鑕迤西位好參天溷四星屏下置
土司空又溷之南婁宿奎宿微南向徂東三星婁宿

距爲中北逈天大將軍是十一星聯狀似弓。左右更居宿兩傍。東西各五數堪詳。天倉六數穿天溷。天庾三星列左廂。胃宿婁左三星胃宿名。以西爲距著晶瑩。外屏正左天囷列。十有三星近左更。天廩囷東四舍修。大陵胃北八星勾。天船九泛陵東北。尸水分投積一籌。昴宿胃東昴宿七星臨。距亦當西向下尋。西一天河東一月。西南五數是天陰。天囷天庾兩廂中。芻藁交加六數充。天苑環營星十六。天囷南畔藁之東。卷舌星當昴北緘曲勾。六數隐天讒舌東月北斜

方者礪石爲名四數函畢宿天廩迤東畢宿歆距當
東北八星歧天街兩顆微居右附耳微東一數隨畢
南天節八星彰左列參旗九數揚旗北天高星四顆
北瞻六數是諸王諸王再北五車乘內有天從五數
仍三數咸池微後載西三東六柱分乘參旗南向九
游接旗左天闕列一藩游右九州殊口六苑南當地
是天園觜宿天關正下宿名觜參宿之巔界兩歧距
是北星三緊簇北東司怪四堪窺天高司怪夾天關
其列諸王畧次班北列座旗維數九五車東北壘三

彎。參宿觜南參宿七星昭距在中東自古標中下伐星三顆具西南玉井四星僑宿南軍井四西偏前列屏星厠右邊屏左厠星爲四數一星名屎厠之前井宿參東向北八星存西北先將井宿論水府四星隣井右井東三數是天罇一珠積水北河三五位諸侯又在南南有積薪罇左一鉞星附距一珠合井前水位四居東四瀆居西數亦同位下南河三數具闕邱瀆下兩星冲井南厠左一天狼軍市狼南六數襄市內野雞星一數九星弧矢市南張弧矢迤西兩箇孫子星再右丈人尊。屎南左右星皆二。一老人星向莫論。鬼宿水位迤東鬼宿停。西南爲距四方形。積尸一氣中間聚。北視微西四爟星。鬼宿之前六外厨。厨南天狗七星圖。再南天社星應六。天記居東止一珠。柳宿外厨近北鬼之前。兩界之中罯左偏。距是西星名柳宿。向南勾曲八星連鬼宿之東列酒旗。向當柳宿北東基。軒轅罯右須詳認。旗是三星向左披。星宿酒旗直下七星宮。星宿爲名距正中。天相三星居宿左。軒轅恰與上台沖。軒轅十六象之旋。御女還應附在前。

理氣朔原　卷五　黃道恒星　三十八

軒左內平由近北。四星正在勢西邊。張宿軒轅南徂宿名張。天相之前近處望。星宿畧東堪誌認。張為六數象須詳。兩珠左右各分牽。中有斜方四畧偏。方際西星應作距。東隣翼宿式相連。翼宿張宿之東翼宿繁。太微右衛向南看。明堂正下重相疊。廿二星形未易觀。南北星皆五數充。中如張六距攸同。接連上下之旋處。各有三星象最豐。軫宿太微垣下四星留。軫宿為名翼左求。西北一星詳認距。翼南軫右七青邱。軫為方式象宜參。內附長河一粒含。轄共兩星分左

右○左依東北右西南○

理气溯源　卷三　三

計星度行度法

每年計三百六十五日貳時七刻五分而足每年之二十四節氣

每日十二時　每時八刻

每刻十五分　每分六十秒

每年伸得四千三百八十二時七刻五分

每年伸得三萬五千〇六十三刻五分

每年伸得五十二萬五千九百五十分

每年伸得三千壹百五十五萬七千秒

以上係太陽移宮日時刻分秒總數

週天計十二宮

每宮三十度　每度六十分羅經作三線每線即二十分也

每分六十秒

週天共計三百六十度

週天共計二萬壹千六百分

週天共計壹百二十九萬五千九百四十八秒

計得三十日〇五時一刻一十四分十秒過一宮

計得一日〇一刻五分五十八秒三三過一度

計得四時〇六分五十六秒六六過羅經一線即度數之二十分也

假如該星在午宫十一度二十分。若行足三十日〇五時一刻十四分十秒之數則該星即在未宫十一度二十分矣餘倣此。

此是行度勿悮認爲過宫。因行度是順過宫。移宫是逆過宫。切記切記。

太陽與恒星移宮合算法則

太陽行一分　恒星計得行二秒四六四〇一三六

太陽行一刻　恒星計得行三十六秒九六〇二〇五

太陽行一時　恒星計得行四分五十五秒六八一六四

太陽行一日　恒星計得行五十九分〇八秒一七九八

太陽以月日時刻分而計。故以分數言之。恒星以宮度分秒計。故以秒數言之。互相比例推之也。

太陽交節移宮度數。距度有多少。照節氣定例推算移宮便合。

恒星亦照上比例移宮過度。

帝星及吉凶星每日時刻到方度數俱照此推便合。

十二宮共三百六十度者。天週之度也。天每日左行一週。無遲速之分。太陽每日平行約五十九分〇八秒。有南陸北陸之分。故有遲速。每年行一週天。所以三百六十五日二時七刻五分。尚差五十二秒。方能復舊度之位。而冬至之數已至此。謂之歲差。雖二萬年。尚不能與原數會合。所以有移宮之法。二十八宿與各恒星亦隨而左旋。故於冬至交節之時刻測之。則移宮縮五十二秒。是以由丑而縮過子。由子而縮過亥也。約六十九年有餘而差一度矣。然猶未可泥爲定率。所謂恒星微渺。必歷多年其差乃見。此定論也。或謂太陽與恒星均右旋。九天俱左旋。如蟻行磨上。故有歲差之分。此又一說也。照此推算。亦皆符合。姑置之。以俟高明再訂。

二十八宿分度表照光緒甲申前冬至推算

箕八度五十六分　太陽午正初刻十二分入丑宮寅宮廿九度四十八分起

斗廿三度五十四分　丑宮八度四十四分起

牛七度四十分　太　子宮二度三十八分起

女十一度四十二分　子宮十度○十八分起

虛九度五十七分　子宮廿一度五十九分起

危二十度○四分　太　亥宮一度五十六分起

室十五度四十分　太　亥宮廿二度○一分起

壁十三度十七分　太　戌宮七度四十二分起

奎十一度三十分　　戌宮廿一度　起

婁十二度五十五分太　酉宮二度三十分　起

胃十二度二十九分少　酉宮十五度二十六分起

昴九度〇二分太　酉宮廿七度五十五分起

畢十五度十四分少　申宮六度五十八分起

觜　五十九分太　申宮廿二度十一分起

參十度三十六分　申宮廿三度十一分起

井三十度二十分少　未宮三度四十七分起

鬼四度三十五分　午宮四度十五分　起

柳十六度五十八分少　午宮八度五十分　起

星八度二十四分太　午宮廿五度四十九分起

張十八度〇三分太　巳宮四度十四分　起

翼十六度五十九分太　巳宮廿二度十八分起

軫十三度〇四分太　辰宮九度十七分　起

角十度四十　分　辰宮廿二度廿二分起

亢十度三十六分　卯宮三度〇二分　起

氐十七度五十分太　卯宮十三度三十八分起

房四度五十二分　寅宮一度二十九分起

心八度十五　分　寅宮六度二十一分起

尾十五度十二分　寅宮十四度三十六分起

萬年歷法

欲明推歷之原，以八年爲一大週也。八年之內應得九十六個月，另閏月三個，共得九十九個月也。何以必有三個閏月之故？因九十九個月內必有三個無中氣之月，是爲閏月。中氣解附在冬至距度合其應得日數，必貳千九百二十三日有奇，故八年之內實月小者得四十八個，實月大者得五十一個，其奇數必多年積至多一日，則八年之內多一月大者也。如此則合大週之數矣。其月之大小者，必于日月合朔之數求之。

始爲的當。若以捷法推月朔者。可于前九年之歷照月之大小順次行之。雖萬年亦可知也。其法詳下。

捷法推月朔

授時歷法報君知　且將九年舊歷移
月大月小起初一　看明初一干與支
大月五干支九數　小月四干八支施
月大三十日無鈌　月小二十九日期
節氣只憑前九歷　二十四氣的無疑

其法以前九年之歷。假如欲推壬子年，則于甲辰年起。看其每月初一是何干支，與其月份大小。假如前九年正月大，初一係甲子日。則照大月五干九支倒算。從甲至戊是五干。從子至申是九支。推得戊申日。是後九年之正月初一也。推二三四各月。俱照此法耳。又如正月係小。照四干八支例算。如甲子初一。從甲至丁是四干。從子至未是八支。推得丁未日是正月初一。如前九年五六月是甲子日。月之大小亦同此推耳。逐月之大小。既定合之以二十四氣便知一年之歷。如推得是年有一月係無中氣之月。則是年便是有閏之年矣。歷年推去。雖萬萬年亦可知也。

又捷訣

前九之年二月中　來年元旦喜相逢

月月十五是初一　千年萬載不移宮

定立春并閏月訣

本年立春日　舊歲立秋同

閏月無中氣　二十年可逢

先年立秋干支。必與本年立春同干支也。前二十年有閏月。此年亦必有閏月也。因三十五個月。或三十六個月。必閏一月矣。故二十年必逢此數。

推二十四氣定例

其法照本年之節氣是何干支加三百六十五日二時七刻五分即是來年節氣矣如甲子日午時正初刻一分十五秒立春則將甲子加多五日是戊辰日便是三百六十五日矣加二時即申時又加七刻是酉時初三刻矣加五分是六分矣推得來年立春是戊辰日酉時初三刻六分十五秒立春日矣各節氣均倣此推便合

一日有十二時　一刻有十五分

一時有八刻　一分有六十秒

上四刻是　初初刻　初一刻　初二刻　初三刻
下四刻是　正初刻　正一刻　正二刻　正三刻

如交節在初初刻，作前一時算。如在初一刻，方作本時算。如交節在子時初初刻，則爲夜子時。如在初一刻以後，俱作本日子時矣。

二十四氣距冬至日時定局　其法照冬至距度若干推算合

小寒節　由冬至加一十四日八時三刻十三分

大寒氣　由冬至加二十九日五時○十三分

立春節　由冬至加四十四日二時一刻十四分

雨水氣　由冬至加五十九日○一刻三分

驚蟄節　由冬至加七十三日十一時三刻十四分

春分氣　由冬至加八十九日○一刻一分

淸明節　由冬至加一百○四日二時二刻十一分

谷雨氣　由冬至加一百一十九日六時一刻四分

立夏節　由冬至加一百三十四日十一時四刻

小滿氣　由冬至加一百五十日六時一刻九分

芒種節　由冬至加一百六十六日一時七刻十二分

夏至氣　由冬至加一百八十一日十時三刻十分

小暑節　由冬至加一百九十七日七時二刻三分
大暑氣　由冬至加二百一十三日五時七刻十四分
立秋節　由冬至加二百二十九日〇一刻五分
處暑氣　由冬至加二百四十四日七時三刻六分
白露節　由冬至加二百六十日一時三刻九分
秋分氣　由冬至加二百七十五日六時〇一分
寒露節　由冬至加二百九十日八時七刻十一分
霜降氣　由冬至加三百〇五日十時二刻八分
立冬節　由冬至加三百二十日十時一刻二分

小雪氣　由冬至加三百三十五日八時五刻四分

大雪節　由冬至加三百五十日六時一刻一分

冬至氣　由前歲冬至加三百六十五日二時七刻五分

此二十四氣之積數。即週天三百六十五度四分度之一也。按四分度之一者。乃三時方盡此數實不足四分度之一。不過舉其大畧言之耳。即週天數解云。日數由天度而定。天之度實由日之度而見也。假如癸丑年。子月乙卯日卯時正三刻七分冬至。加一百八十一日十一時四刻九分。便爲甲寅年五月乙卯日卯時。卯正初刻一分。是爲夏至之氣到矣。餘倣此推。

推七政四餘躔度過宮訣

八十年前論火躔　月孛六十有三年

金星九載土六十　炁星二十九年然

惟有水流六十六　羅計九十四無偏

八十四年加木德　太陽分明二十年

此論十一曜大週天。其來歷仿此推算。

水星之度。有用四十七年舊歷推算者。有用六

十六年推算者。查羅計二星。今　大清曆改正羅易計位。計易羅位、

太陽遲速解

太陽自小雪後南移，至驚蟄每日平行約一度〇一分。驚蟄前後半月，約每日平行一度。春分以後日行轉𣏌，至谷雨每日約行五十九分耳。谷雨後至芒種後七天，則行五十八分。自此以後日行更速，爲度所限，則行五十七分，至立秋行多一分，處暑復轉移南，日漸行多一分，至白露又復行多一分，至霜降復行多一度，至小雪更復如初。每年行度未完，冬至氣已至，未及三百六十五度有奇之數，便與歲星一會。是

理氣溯原　卷五　黃道恒星　三十九

謂之一週歲。但歲星與各恒星東移。均有秒微之差不得泥爲定率也。故歲差每年以五十二秒推算。尚復有奇。必要多年方能始見。不過舉其大畧云耳。

附錄三角求垂線法勾股測量圖解於後者緣弔合天星必須用測量之法。予細推詳。然後知星度轉移。毫厘不爽。遍觀算學諸書。雖有割圓八線之術。並未有伸明三角求垂線之法者也茲特附錄於此。免日久遺忘。亦測量天星之一助也。

三角求垂線法圖解一

此形三角求垂線法。以大邊二丈八尺。加小邊一丈二尺。作弦較和四丈。以小邊一丈二尺。減大邊二丈八尺。餘一丈六尺。作弦和較乘弦較和四丈。得六十四丈。爲實。以平庢勾較。三丈二尺。爲法歸之。得平庢勾較二丈。以平庢三丈二尺。除二丈。其餘一丈二折半爲勾小斜爲弦用勾弦求股法弦自乘得一十四丈四尺。勾自乘得三丈六尺。將勾減弦。餘一十丈零八尺。開方得垂線一丈零三寸八分八厘爲股。如圖之戊辛。大邊也。戊庚。小邊也。庚辛平庢也。戊己垂線也。

數學精詳所定之法似悞。不如此法之的。

卷五 測量遺術

三角求垂線圖解

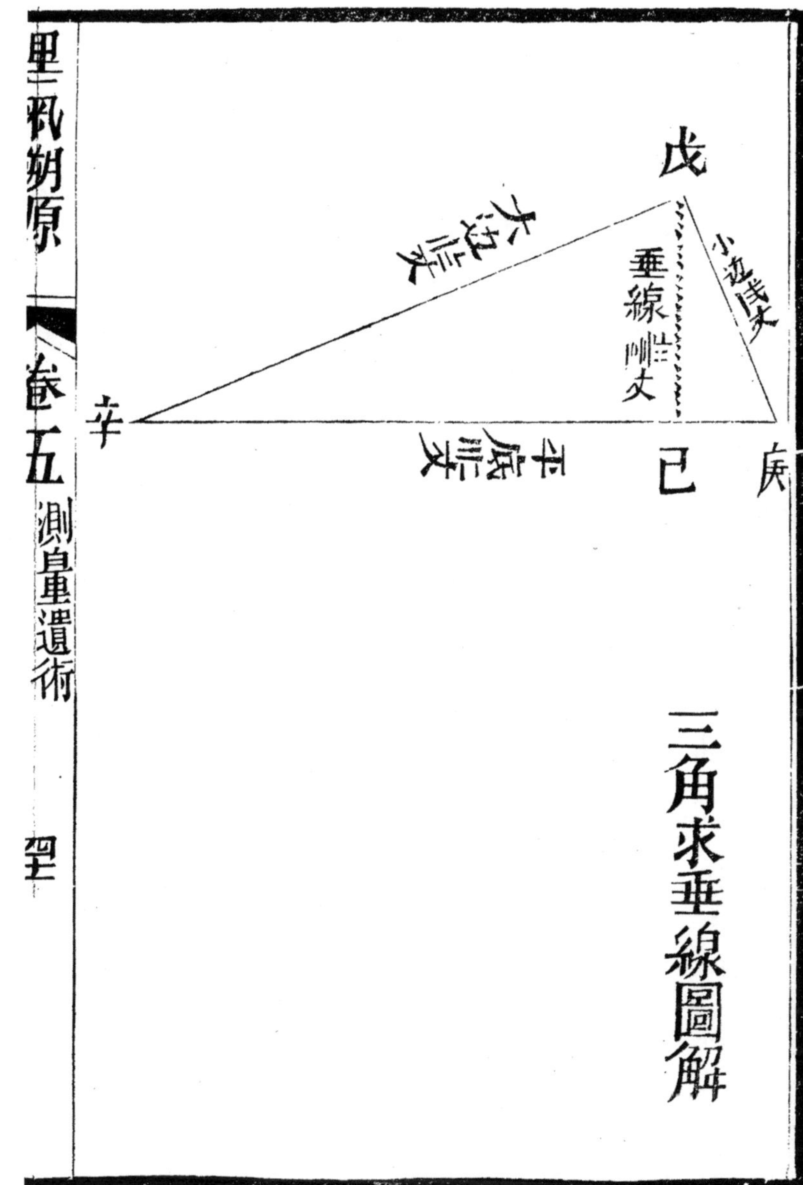

三角求垂線圖解二

以小斜九尺。加大斜一丈二尺。共得二丈一尺。爲弦較和。以小斜減大斜。餘三尺爲弦和較。以三尺乘二丈一尺。得六丈三尺爲實。以平底一丈六尺。卽勾較和。爲法歸之。得三尺九寸三分七厘五毫爲勾較。以平底一丈六尺。除去勾較三尺九寸三分七厘五毫。餘一丈二尺零六分二厘五毫爲兩勾和。折半爲一勾。得六尺零三分一厘二毫五絲。以小斜九尺爲弦。用勾弦求股法。開方求得中垂線六尺

六寸八分不盡一六二三四三七五如圖以子未爲小斜也子丑大斜也未丑平底也子卯垂線也

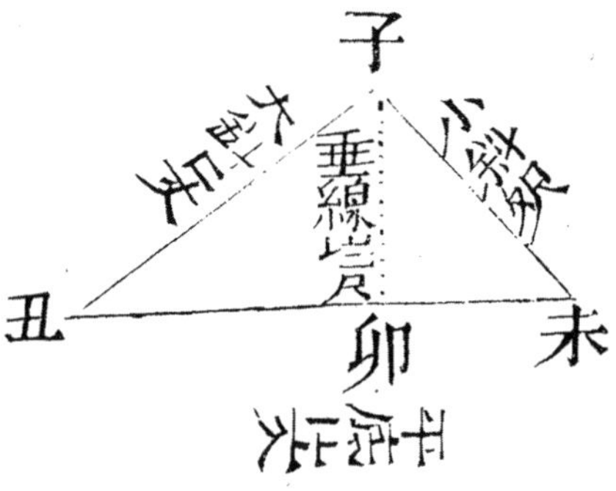

子
大斜七尺
小斜五尺
垂線四尺
丑
未
卯
平底八尺

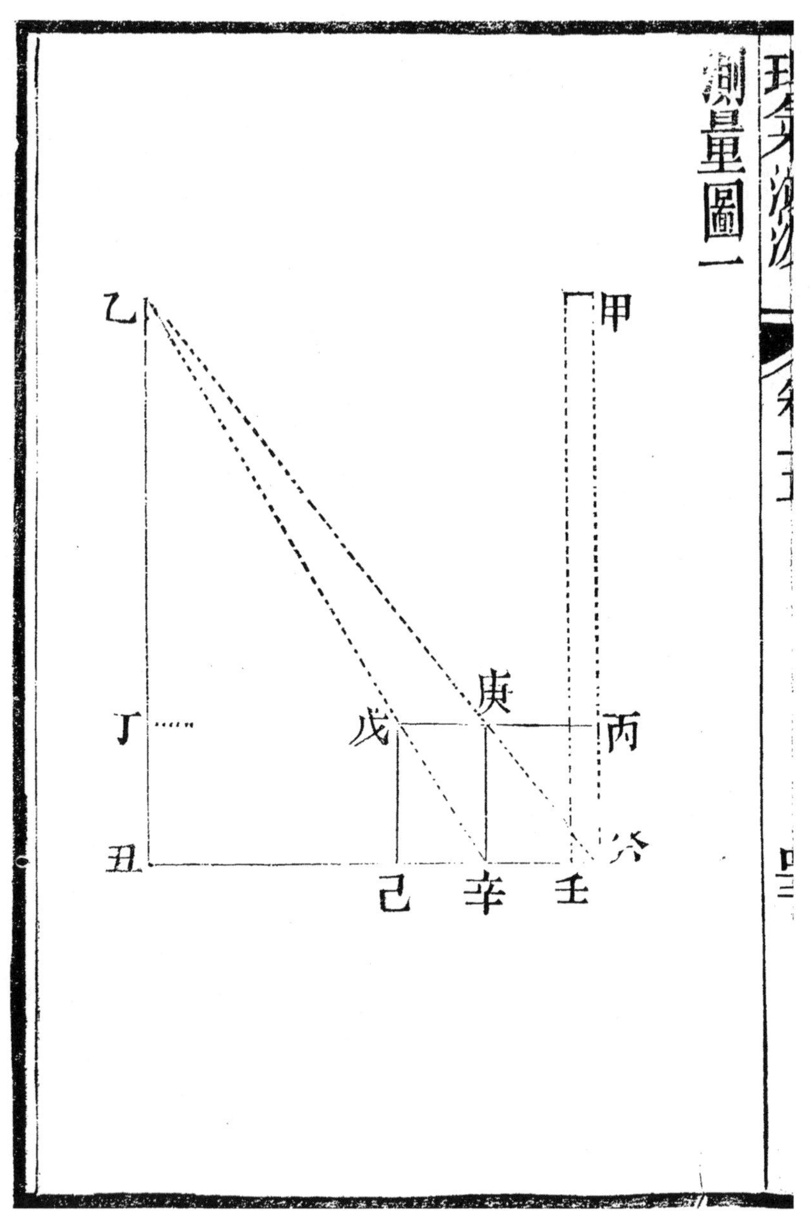
測量圖一
甲
乙
丙
丁
戊
庚
癸
丑
己
辛
壬

測量圖二

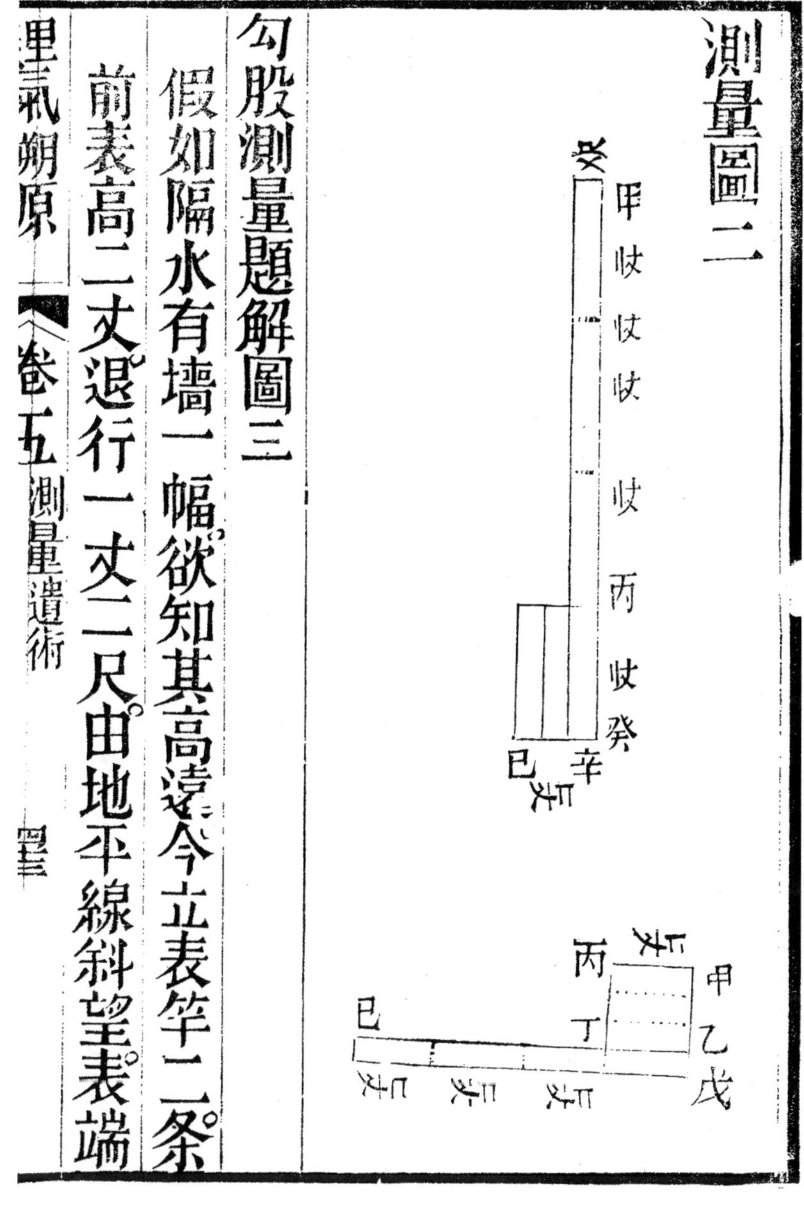

勾股測量題解圖三

假如隔水有墻一幅，欲知其高遠，今立表竿二條，

前表高二丈，退行一丈二尺，由地平線斜望表端

里氣朔原 卷五 測量遺術 四十三

恰與墻高齊平。又於初望表之地平綫處復立表竿二丈。退行一丈六尺。亦由地平綫斜望。表端亦與墻頭齊平。問墻高若干。答曰墻高八丈。墻遠三丈六尺。

法置前表高二丈。以退行一丈二尺。乘之得二丈四尺。以前表退行一丈二尺。減去後表退行一丈六尺。餘四尺爲法除之。得六丈。再加入表竿二丈。得墻高八丈。○置前表退行一丈二尺。乘兩表相去一丈二尺。得一十四丈四尺爲實。

以四尺爲法除之。得遠三丈六尺。

論曰。欲知墻高。卽乙丁丑形。必先求知。甲丙之高欲知甲丙之高。必先求之庚辛戊己之積。既知。庚辛戊己之積以爲實。然後將癸壬之差。移爲法除之。是移其積而成甲丙之長方積。等甲丙之積與庚己同數。故知甲丙癸之邊線。卽乙丁丑之邊線也。前表戊己之高二丈。退行己辛一丈二尺。相乘是得積二十四尺。丙癸之濶四尺。甲丙之高六丈。相乘亦得二十四尺也。故其積全數。甲丙之邊線卽乙丁之邊線六丈也。再加表竿故知其墻高八丈也。○欲知其遠。亦先求知積。退行一丈二尺。乘兩表相隔一丈二尺。得積一十四丈四尺。如後圖甲丁墻遠三丈六尺。以表長四尺乘之。亦得積一十四丈四尺。如戊己積。蓋以甲丁之積。分移其爲戊己之積。而知其邊線之長。卽隔水之遠也。

遺術後論

陳啟沅曰。凡言星學者。非由數以測之。無以施其巧。況天地日月各星。運行不息。天地既不同心。而日月各星亦各有晷度。欲弔合天星者。可不考明弧度各術哉。雖恒星所居。在極高極遠之界。其差略微。每年只差五拾壹秒奇而已。非與日月五星之比。亦當略明平圓。與橢圓之度。始得分秒無訛。故後篇將借角求角之法。以推日月之行度。但其法略難。故沅於算學中。特增橫直句股借弦之法以伸明之。蓋橢圓之術。原由兩句股而得其小半徑。及後漸移爲叁角形。雖漸移漸差。然由不出句股之範圍。故立借弦之法比之。借角尤爲的當。秒末無差。遂補刻於算學拾叁卷末。名之曰測量遺術云。至如推歴各法。另著數學須知。附諸式集。誠如先哲云。理有盡而數不能盡。眞的論也。